Ursula Hahnenberg | Daniela Diephaus

Das große Förder-Spiele-Buch 3

6 – 10 Jahre

BORGMANN

MEDIA

Unser Buchprogramm im Internet
www.verlag-modernes-lernen.de

© 2012 by SolArgent Media, Division of BORGMANN HOLDING AG, Basel

Veröffentlicht in der Edition:
BORGMANN MEDIA • Schleefstraße 14 • D-44287 Dortmund

Gesamtherstellung: Löer Druck GmbH, Dortmund

Bestell-Nr. 9432   ISBN 978-3-938187-84-5

Inhalt

Vorwort und Einführung

Auf den ersten Schultag freuen sich vermutlich alle Kinder. Mit Abschiedsfesten im Kindergarten, dem Basteln einer Schultüte und durch viele Gespräche werden sie auf ihn vorbereitet. Ab dem ersten Schultag ändert sich im Leben der Kinder so einiges. Aber wie erleben Kinder diese Veränderung? Was genau ist für sie anders als im Kindergarten? Bleibt die Freude erhalten oder sehnen sie sich insgeheim nach den Kindergartenzeiten zurück?
Wir haben einige Kinderstimmen zu diesem Thema gesammelt:

„In der Schule muss man lernen und leise sein."
(Raphael, 6 Jahre)

„Mein Lieblingsfach ist Mathe!"
(Benedikt, 5 Jahre)

„Ehrlich gesagt, war der Kindergarten schöner, da muss man nie Hausaufgaben machen. Aber auf die Pausenspiele in der Schule kann man sich freuen."
(Maximilian, 7 Jahre)

„In der Schule ist besser, dass die Ferien länger sind. Aber man darf da nicht immer rumhampeln. Im Kindergarten war es besser, weil man sich da frei bewegen kann."
(Florian, 7 Jahre)

„Im Kindergarten hat man kein Rechnen gelernt. Und in der Schule ist die Lehrerin lustiger als die Erzieherin im Kindergarten"
(Peter, 7 Jahre)

„Ich freue mich auf die Schule! Ich liebe lesen und schreiben und rechnen!"
(Noah, 6 Jahre)

„Schule ist doof ..." (Kilian, 8 Jahre) „Kindergarten auch!"
(Benedikt, 5 Jahre)

Ein Vorwort von Maria Stadlberger, Schulleiterin der Volksschule Moosinning

Was ändert sich, wenn Schüler in die Schule kommen?

Heute hat die Tendenz zugenommen, bei der Schulreife-Entscheidung die intellektuelle Ausreifung des Kindes über zu bewerten. Gene beeinflussen zwar, wie intelligent ein Mensch werden kann, aber ob er es wirklich wird, entscheiden Motivation, Engagement, Förderung, Anforderung, Einfluss der Umgebung und vieles mehr. In diesem Zusammenhang spielt die Schule eine wichtige Rolle. Ob es die Intelligenz gibt, ist immer wieder Anlass für eine Diskussion, seit es die Intelligenzforschung gibt.

Nicht nur die Intelligenz entscheidet über die Schulreife, sondern auch die nötigen Fähigkeiten, mit der die Kinder den Schulalltag meistern müssen. Ein Kind muss sich behaupten, wenn ältere Schüler es ansprechen.
Schüler, die über Durchsetzungsvermögen und eine innere Stabilität verfügen, haben es während der gesamten Schulzeit leichter.

Zur Schulreife gehört nicht nur, Buchstaben zu erkennen oder von 1 bis 20 zu zählen, vielmehr ist soziale Kompetenz gefragt.

Welche Anforderung stellt die Grundschule an Kinder?

Es kommt in erster Linie darauf an, ob ein Kind ohne Angst in einer größeren Runde reden und zuhören kann, ohne andere zu unterbrechen. Schulanfänger sollten im Stande sein, Arbeitsaufträge zu erledigen und Verantwortung für sich selbst zu übernehmen. Von einer ständigen direkten Zuwendung durch Erwachsene unabhängig zu sein, ist mit Selbstständigkeit gemeint. Außerdem ist es wichtig, dass ABC-Schützen lernen, mit Kritik umzugehen und Konflikte zu lösen.

Wie hat sich die Schule in den letzten Jahren verändert?

Der Anteil des Frontalunterrichts hat sich reduziert. Gruppenarbeit, Partnerarbeit und vor allem selbstständiges Arbeiten stehen im Mittelpunkt des Tagesablaufs. Der Lehrer ist zum Team- und Wegbegleiter geworden. Jedes Kind ist anders und muss anders gefördert werden.
Ebenso hat sich das Bild der Schüler verändert. Sie werden als einzelne Persönlichkeiten mit unterschiedlichen Fähigkeiten wahrgenommen, auf die der Lehrer

durch seinen direkteren Bezug besser reagieren kann. Schule hat sich von der Paukschule zur Denkschule gewandelt.

Durch „Praktisches Lernen" wird die Trennung zwischen Erfahrungslernen und Schulwissen überwunden, ein neues Verständnis von Lernprozessen in den Schulen hat sich somit etabliert. Eigenes Fragen wird bei den Schülern gefördert und es werden nicht mehr nur fertige Antworten geboten.

Der Lernalltag wird mit neuen Lernmedien verändert, um die Kinder zur Medienkompetenz zu erziehen.

Was sollten Eltern in Bezug auf häusliche Förderung beachten?

- Spielen Sie mit Ihrem Kind regelmäßig. So können Sie erkennen, wie lange und wie konzentriert Ihr Kind bei der Sache ist.
- Trauen Sie Ihren Kindern etwas zu, damit sie selbstständig werden.
- Bedenken Sie, dass durch häufiges Üben auch die Merkfähigkeit steigt.
- Schneiden, Kleben und Falten fördert die Fingerfertigkeit. Kinder sollen malen und gestalten dürfen.
- Nehmen Sie sich Zeit für Ihr Kind. Dabei geht es darum, wie intensiv Sie sich mit Ihrem Sprössling beschäftigen, nicht wie lange.
- Führen Sie Rituale in Ihrer Familie ein und pflegen Sie diese auch. Kinder fühlen sich in einem festen Tagesrhythmus sicher.
- Lassen Sie Ihr Kind aktiv am Alltag teilnehmen. Beziehen Sie es in alltägliche Abläufe mit ein.
- Fordern Sie von Ihrem Kind eine Leistung, dadurch stärken Sie das Selbstvertrauen.
- Nehmen Sie an Erfolgen Ihres Kindes teil und loben es gebührend. Lernmotivation kann durch Lob wachsen.

M. Stadlberger, Schulleiterin Volksschule Moosinning

Vorwort und Einführung Ein Vorwort von Maria Stadlberger

1. Motivation und Konzentration

Konzentration bedeutet die intensive Beschäftigung mit einem bestimmten Thema. Die meisten Kinder können sich recht gut und lange auf ein Spiel, ein Hörspiel oder einen Film im Fernsehen konzentrieren. Sind Kinder oder auch Erwachsene ganz in eine Beschäftigung vertieft, wirken sie oft abwesend, für einen Außenstehenden nur schwer zu erreichen.

Spätestens ab dem ersten Schultag wird von Kindern verlangt, sich auch auf Dinge zu konzentrieren, die sie sich nicht selbst ausgesucht haben.

Konzentriert zu arbeiten ist geistig anstrengend, und der Idealzustand des selbstvergessenen Arbeitens lässt nach einiger Zeit nach. Grundschulkinder können sich durchschnittlich maximal 15 bis 20 Minuten vollkommen auf eine Sache konzentrieren, manche viel kürzer, einige länger. Grundsätzlich aber ist die Aufmerksamkeitsspanne von vielen verschiedenen Faktoren abhängig.

Zunächst ist Konzentration kein Zustand, den man auf Knopfdruck erreichen kann – erst recht nicht, nur weil Papa oder Mama oder die Lehrerin das gerade will. Grundvoraussetzung ist die Bereitschaft, der Wille, sich einer bestimmten Beschäftigung, beispielsweise den Hausaufgaben, zu widmen. Manche Kinder nehmen diese Pflicht als gegeben hin, andere brauchen immer wieder Ermunterung und Bestätigung.

Kinder sollten deshalb erlebt haben, dass Konzentration zum Erfolg führt. Weisen Sie sie darauf hin: Hat ein Kind zum Beispiel einen Turm gebaut, oder ein Bild gemalt und war dabei ganz konzentriert, besprechen Sie diesen Zustand, zum Beispiel mit den Worten: „Du hast Dich toll konzentriert und nicht ablenken lassen, deswegen ist der Turm (das Bild, etc.) besonders gut gelungen." Aber nicht nur die Motivation, der Wille eine Aufgabe zu erfüllen, sondern auch andere Emotionen sind ausschlaggebend: ist man beispielsweise wütend oder traurig fällt es schwer, die Aufmerksamkeit auf ein vorgegebenes Thema zu lenken.

In der Pädagogik kennt man zwei unterschiedliche Formen von Motivation. Zum einen die intrinsische Motivation, die aus einer Person selbst entsteht. Man bewältigt eine Aufgabe, weil sie Spaß macht oder man lernt, weil man neugierig ist, oder ein Thema interessant ist. Neugier ist dem Menschen angeboren und Schulanfänger starten meist mit einer großen Portion intrinsischer Motivation in die erste Klasse. Diese kann man fördern, indem man für die Kinder eine optimale Arbeitsumgebung bereitstellt, in der sie selbst durch Nachschlagen in Lexika oder durch Experimente lernen können. Dann sollte man den Kindern ermöglichen, das Erlernte in der Praxis anzuwenden: zum Beispiel der Oma einen Brief zu schreiben und die Antwort selbst zu lesen. Und nicht zuletzt, den Kindern ein Vorbild sein, selbst neugierig bleiben, und immer wieder Neues lernen.

Die zweite Form von Motivation nennt man extrinsisch, dabei wirken äußere Einflüsse auf eine Person ein, die in der Erwartung von Lob, guten Noten oder einer anderen Belohnung handelt. Viele Eltern und ihre Kinder haben schon gute Erfahrungen mit Punktekalendern, Stempeln oder Fleißbildchen gemacht.

Besonders demotivierend wirken Stress und Überforderung. Ein Erwachsener, der die Erledigung von Hausaufgaben überwacht, sollte daher ruhig und geduldig sein (was nicht immer leicht ist!), und eventuell die Aufgaben in kleine, überschaubare Portionen teilen.

Auch die Umgebung, zum Beispiel Lärm, spielende Geschwister, ein laufender Fernseher oder auch ein unordentlicher Arbeitsplatz kann die Konzentrationsfähigkeit negativ beeinflussen. Ebenso können körperliche Faktoren wie Krankheit, Kopfschmerzen, Hunger und Durst störend wirken.

Tipps, die die Konzentration fördern

- Ausgewogene, vitaminreiche Ernährung und genügend Flüssigkeitszufuhr.

- Ausreichend Schlaf (ein ausgeschlafenes Kind wacht morgens von alleine auf).

- Regelmäßige Bewegung, Sport und Gleichgewichtstraining.

- Regelmäßig Brettspiele spielen.

- Lesen und Vorlesen.

- Ein Musikinstrument lernen.

- Möglichst wenig Fernsehen.

- Konzentrationsphasen möglichst nicht unterbrechen

Laut einer Stellungnahme des Deutschen Lehrerverbandes vom 03. Februar 2008 sind Hausaufgaben ein wichtiger Bestandteil des schulischen Lernens. Sie geben eine Chance zum nachträglichen Verstehen und Einüben, außerdem sollen die Schüler dadurch eigenständiges und eigenverantwortliches Arbeiten lernen. Lehrern zeigen die Hausaufgaben, was die Kinder verstanden haben und wo noch Klärungsbedarf besteht.

Für Eltern und Kinder bedeuten Hausaufgaben jedoch häufig Stress. Dabei sind auch hier eine entspannte Atmosphäre und Motivation entscheidend. Jeder kann aus eigener Erfahrung bestätigen, was Neurowissenschaftler herausgefunden haben (nachzulesen unter anderem in der Zeitschrift „Gehirn und Geist Serie, Kindesentwicklung Nr. 6). Spaß und Belohnung bewirken, dass man besser und leichte arbeiten und lernen kann. Den Kindern die Hausaufgaben und das Lernen nachmittags zu versüßen ist eine anspruchsvolle Aufgabe, gleichermaßen für Lehrer, Eltern und Erzieher ...

Tipps für Hausaufgaben

- Schaffen Sie eine ruhige, ordentliche Umgebung, legen Sie alle Arbeitsmaterialien bereit.

- Stellen Sie ein Glas Wasser oder Saftschorle bereit.

- Machen Sie ein Ritual aus der Situation: immer die gleiche Uhrzeit, immer der gleiche Platz.

- Geben Sie den Kindern in einem gewissen Rahmen Autonomie darüber, was sie tun: sie sollten selbst entscheiden, welche Aufgabe zuerst erledigt wird und die Zeit, die sie dazu brauchen, vorab einschätzen. Mit einem Küchenwecker oder einer Stoppuhr können die Kinder ihre Einschätzung dann selbst kontrollieren.

- Machen Sie den Kindern klar, dass sie diese Aufgaben nun erledigen müssen, sie gehören zur Schule und machen Sie auch anderen Familienmitgliedern klar, dass die Hausaufgaben wichtig sind: z.B. dürfen kleinere Geschwister während der festgelegten Hausaufgabenzeit nicht laut toben oder anders stören.

- Motivieren Sie bei Bedarf über einen Punkte- oder Sternekalender: an jedem Tag, an dem die Hausaufgaben zügig erledigt wurden, darf das Kind einen Punkt oder Stern in einen Kalender malen. Für 5 oder 10 Punkte bekommt es eine kleine Belohnung.

Elternabend-Bingo

Material:	Papier und Stift
Zeitaufwand:	abhängig vom Referent
Alter:	ab 18 Jahren
Teilnehmer:	ab 2 Personen

Jeder kennt das: es steht ein Termin an, von dem man im vornherein weiß, dass er zwar wichtig ist, aber einen sehr geringen Unterhaltungswert hat. Das kann die jährliche Sicherheitsschulung, ein Elterninformationsabend oder der Tätigkeitsbericht auf einer Jahreshauptversammlung sein. Dieses kleine Spiel bringt Abwechslung, Unterhaltung und steigert dabei dennoch Ihre Aufmerksamkeit! Alles, was Sie dazu brauchen, ist ein Mitspieler.

Vor Beginn der Veranstaltung notiert jeder Mitspieler neun Begriffe, die einen Bezug zum Thema haben. Die Begriffe werden in einem Raster angeordnet, drei Reihen mit je drei Begriffen. Für einen Elterninformationsabend könnten Sie folgende Begriffe wählen: Schulgarten, Pausenhof, Kopiergeld, Bibliothek, Klassensprecher, Lineatur, Klassenfoto, Theaterbesuch und Schulpsychologe. Sobald der Referent einen der Begriffe nennt, streichen Sie ihn auf Ihrem Zettel aus. Es gewinnt, wer als erstes drei Begriffe nebeneinander, untereinander oder diagonal ausstreichen konnte. Vielleicht haben Sie ja Lust, nach dem Termin noch etwas trinken zu gehen – es zahlt natürlich der Verlierer. Viel Spaß!

ⓘ Zwar steht bei diesem Spiel die Ablenkung und Unterhaltung im Vordergrund, Sie werden aber merken, dass sich dieses Spiel dennoch auf Ihre Aufmerksamkeit auswirkt. Statt in Gedanken zur Einkaufsliste abzuschweifen, bleibt Ihre Konzentration beim Vortrag. Trotzdem sollten Sie dieses Spiel nicht unbedingt Kindern für den Unterricht vorschlagen …

Kleiner Lerntypen-Test

Material:	verschiedene Gegenstände, Stift, Papier, ein Handtuch oder einen Kissenbezug, Tablett
Zeitaufwand:	30 Minuten
Alter:	ab 7 Jahren
Teilnehmer:	je eine Person

Haben Sie schon mal hinterfragt, mit welchem System Sie lernen? Wahrscheinlich haben Sie eine ganz klare, eigene Strategie, mit der Sie zum Erfolg kommen. Oft werden Sie dabei einen bestimmten Sinneskanal besonders intensiv nutzen. Einige Menschen malen sich zum Beispiel *Mind-Maps* und versuchen so, den Lernstoff zu visualisieren. Andere sprechen sich die Inhalte laut vor. Ihre Lernstrategie haben Sie sich über die Jahre angeeignet. Kinder müssen das Lernen erst noch lernen, sie haben noch keine Erfahrung mit Strategien gemacht, die ihnen die Aufnahme von Informationen erleichtern. Um den Kindern das Lernen zu erleichtern, macht es Sinn, zu wissen, welcher Lerntyp sie sind. Mit dem folgenden kurzen Test können Sie sich einen Eindruck davon machen, über welchen Sinneskanal die Kinder neue Informationen am schnellsten abspeichern.

Bereiten Sie zunächst einen Zettel vor, auf dem Sie sich 10 Gegenstände notieren. Es sollten keine thematisch zusammen hängenden Begriffe sein, aber auch keine zu abstrakten, die das Kind nicht kennt. Sie könnten sich folgende Begriffe aufschreiben: Schiff, Apfel, Badewanne, Wecker, Buch, Hund, Pfanne, Fernseher, Blumenvase, Haus. Diese Begriffe lesen Sie dem Kind langsam vor. Bitten Sie es nun, von eins bis zwanzig zu zählen. Dies dient der Löschung, die notwendig ist, um abzuprüfen, ob die Begriffe tatsächlich im Gedächtnis gespeichert wurden. Im Anschluss soll das Kind die gehörten Begriffe wiederholen. Notieren Sie sich nun, wie viele Begriffe das Kind noch nennen konnte.

Für den zweiten Untertest benötigen Sie ein Tablett und wiederum zehn Gegenstände (z.B. Glas, Wecker, Banane, Messer, Brille, Kerze, Handy, Spielzeugauto, Armbanduhr, CD). Zeigen Sie dem Kind die Gegenstände für 30 Sekunden und stellen Sie das Tablett dann weg. Diesmal könnte das Kind das ABC aufsagen, dann werden wie vorhin die Gegenstände aufgezählt. Auch diesmal notieren Sie sich, wie viele Gegenstände richtig wiederholt wurden.

Beim letzten Untertest legen Sie 10 Gegenstände (z.B. Wäscheklammer, Radiergummi, Teelöffel, Stift, Gummibärchen, Spielzeugauto, Knopf, Handy, Stein, Wollfaden) auf ein Tablett, decken sie aber mit einem Handtuch zu (Sie können die Gegenstände auch in einen Kissenbezug geben!). Das Kind ertastet nach und nach alle Gegenstände und benennt sie. Dann nimmt es die Hände wieder aus dem Kissenbezug/ unter dem Handtuch hervor, zählt rückwärts von zehn bis eins und benennt dann wieder alle gefühlten Gegenstände.

Jetzt können Sie vergleichen, bei welchem Test sich das Kind die größte Anzahl an Gegenständen merken konnte.

Der erste Test prüfte die Merkfähigkeit gehörter Informationen. Hat das Kind hier am meisten Begriffe gewusst, gehört es zum **Auditiven Lerntypen**. Es kann sich Informationen tendenziell besser merken, wenn es diese gehört hat. Zum Lernen könnte es also sinnvoll sein, wenn es sich Inhalte vorlesen lässt, sie selbst laut spricht oder z. B. auf dem MP3 Player aufnimmt und anhört. Ablenkende Geräuschquellen beim Lernen sollten vermieden werden.

Der zweite Test zielte auf die visuelle Merkfähigkeit ab. Konnte das Kind hier die meisten Begriffe wiederholen, gehört es zum **Visuellen Lerntypen**. Es kann sich Inhalte tendenziell besser merken, wenn es sie sieht. Diese Kinder profitieren von sauberen, gut strukturierten Hefteinträgen, farblich markieren Passagen in Fließtexten und Mind Maps oder Karteikarten.

Der dritte Test prüfte die taktil kinästethische Merkfähigkeit. Kinder, die sich hier am meisten merken konnten, gehören zum **Haptisch-motorischen Lerntypen**. Sie können sich Informationen am besten merken, wenn sie sie be-greifen konnten. Beim Lernen profitieren die Kinder davon, in Bewegung zu sein, Anschauungsmaterial zu nutzen (z. B. Museumsbesuch) oder anschauliche Collagen zu gestalten.

Eine Reise nach Verrenkistan

Material:	Musikinstrumente, Teppichfliesen oder buntes Kopierpapier und Klebeband
Zeitaufwand:	10 Minuten
Alter:	ab 6 Jahren
Teilnehmer:	2 bis 8 Kinder

Legen Sie Teppichfliesen in verschiedenen Farben (maximal 5 Farben) auf dem Boden aus. Jetzt vereinbaren Sie mit den Kindern Signale: jedem Körperteil und jeder Farbe wird ein Geräusch zugeordnet. Klatschen bedeutet z. B. rechter Fuß, zweimal Klatschen heißt linker Fuß, ein Trommelschlag meint die blaue Fliese, ein Rasseln die grüne. Die Kinder bewegen sich durch den Raum, dürfen die Teppichfliesen dabei aber nicht berühren. Der Spielleiter gibt zwei der vereinbarten Signale, die Kinder berühren mit dem gemeinten Körperteil die entsprechende Teppichfliese (Klatschen und Trommelschlag würde also bedeuten: rechter Fuß auf die blaue Fliese). Das Kind, das als letztes an der genannten Teppichfliese ankommt, scheidet aus.

Wenn Sie keine Teppichfliesen zur Hand haben, können Sie auch buntes Kopierpapier mit Klebeband am Boden fixieren. Bei einer größeren Anzahl an Kindern

sollten Sie von jeder Farbe mehrere Fliesen zur Verfügung stellen, da sonst die Verletzungsgefahr zu groß ist!

Variationen:

Erschweren können Sie das Spiel, indem Sie mit Farben und Formen arbeiten. Auch leise Hintergrundmusik macht es für die Kinder schwieriger, die Signale zu erkennen. Alternativ können Sie die Auswahl der Körperteile verändern: die Kinder können auch mit dem Knie, dem Ellbogen oder dem Gesäß die Teppichfliesen berühren.

ⓘ Dieses Spiel fördert die *auditive Wahrnehmung* und die Konzentration. Die Kinder lernen, Geräusche differenziert wahrzunehmen, sie miteinander zu vergleichen, auf Rhythmus und Anzahl der Töne zu achten und sie abzuspeichern. Wenn sich mehrere Kinder im Raum bewegen, entstehen von Natur aus Geräusche – die Kinder müssen also aufmerksam bleiben, konzentriert auf die Signale lauschen und dann die richtige Verknüpfung zwischen Laut und Bedeutung schließen.

Gummibärchen versenken

Material:	Papier, Stifte, Gummibärchen, Ordner oder ähnliches als Trennwand
Zeitaufwand:	20 bis 30 Minuten
Alter:	ab 7 Jahren
Teilnehmer:	2 Mitspieler

Zunächst muss ein Spielfeld auf Papier vorbereitet werden. Am besten ein klassisches Koordinaten-Gitter bei dem oben Buchstaben (z. B. von A bis E) und vorne in der ersten Spalte Zahlen (z. B. von 1 bis 5) eingetragen werden. Jedes Kind bekommt ein solches Gitter. Wenn das Spiel zum ersten Mal gespielt wird, ist es wichtig, zunächst die Benennung der Felder zu erproben. Dazu legen Sie ein Gummibärchen auf ein beliebiges Feld und erklären die Entstehung der betreffenden Koordinate (also z. B. 2 – D wenn das Bärchen in der zweiten Zeile (2) und in der vierten Spalte (D) des Spielfeldes liegt). Lassen Sie nun beide Kinder einmal die Benennung der Felder üben, um sicher zu gehen, dass sie im Spielverlauf die Koordinaten richtig ansagen und erkennen.

Wenn sich die Kinder mit dem Koordinaten-Gitter vertraut gemacht haben, stellen Sie eine Art Trennwand zwischen die beiden Spieler. Nun bekommt jedes Kind 8 Gummibärchen. Diese darf es auf den Feldern seines Spielplanes verteilen. Wichtig ist, dass die Bärchen ab Spielbeginn auf den ausgewählten Feldern liegen bleiben müssen und nicht mehr verrückt werden dürfen! Die Spieler fragen nun gegenseitig Felder mittels Koordinatenangaben ab. (Hast du ein Gummibärchen auf 3 – B?) Befindet sich ein Gummibärchen auf dem genannten Feld, bekommt es der fragende Spieler. Nach jedem Treffer darf der erfolgreiche Spieler ein zweites Mal fragen, ansonsten wird abwechselnd angesagt.

Das Spiel endet, wenn ein Spieler keine Gummibärchen mehr auf seinem Spielfeld hat. Es kann aber auch so lange gespielt werden, bis beide Spielfelder frei von Gummibärchen sind und beide Spieler somit die gleiche Beute gemacht haben!

Es ist sehr schwer, sich zu merken, nach welchen Feldern man bereits gefragt hat. Legen Sie deshalb jedem Kind einen Stift bereit, mit dem es die Felder markieren kann, die es bereits benannt hatte.

Dieses Spiel fördert die Konzentration. Die Kinder müssen abwarten, bis der Mitspieler ein Feld benannt hat und dieses dann auf ihrem Spielplan suchen. Dabei trainieren sie ihre räumliche Orientierung, denn es geht darum, sich innerhalb des Gitters zurechtzufinden. Durch den ständigen Wechsel der Mitspieler wird immer wieder die Aufmerksamkeit der Kinder angeregt. Durch das Markieren der benannten Felder erproben die Kinder das strukturierte Arbeiten und das Ausführen von Kontrollen, die für den Erfolg im Schulalltag so wichtig sind. Im Bereich Sozialverhalten trainieren die Kinder ihr Regelverhalten und ihre Frustrationstoleranz. Sie können aber auch lernen, ein guter Verlierer und ein fairer Gewinner zu sein!

Gummibärchen versenken – auditiv

Material:	wie Gummibärchen versenken, zusätzlich ggf. kleine Musik- instrumente
Zeitaufwand:	20 bis 30 Minuten
Alter:	ab 8 Jahren
Teilnehmer:	2 Spieler

Die Spielvorbereitungen und der grundsätzliche Spielablauf sind wie beim normalen Gummibärchen versenken. Anstatt die Felder aber mit der Stimme zu benennen, werden Geräusche eingesetzt. Diese können von Musikinstrumenten erzeugt, oder mit dem eigenen Körper gemacht werden (z. B. mit der Zunge schnalzen, klatschen, schniefen, husten und viele andere Möglichkeiten). Wichtig ist, dass vorher eine klare Absprache getroffen wird. Beide Mitspieler müssen für die Zahlen das gleiche Geräusch oder das gleiche Instrument verwenden, ebenso für die Buchstaben. Die Koordinaten entziffert man durch Abzählen der Geräusche. Hat man zum Beispiel für die Zahlen ein Xylophon vereinbart, so bedeuten vier Töne die Spalte 4. Wird nun für die Buchstaben auf den Tisch geklopft, landet man bei drei Mal klopfen in der Spalte C. Der Spieler hat also das Feld 4 – C abgefragt. Es ist hilfreich, wenn der befragte Spieler stets die Koordinate sprachlich benennt, die er herausgehört hat, um sicherzugehen, dass es auch das richtige Feld ist.

ℹ️ Wie beim normalen Gummibärchen versenken, trainieren beide Mitspieler ihre Konzentration. Hinzu kommt aber noch die *auditive Wahrnehmung*. Die Kinder lernen, sich auf ein akustisches Ereignis zu konzentrieren und Hintergrundgeräusche auszublenden. Dies wird dadurch erschwert, dass die Kinder durch eine Trennwand keinen Blickkontakt zur Geräuschquelle aufnehmen können. Je nachdem wie schnell die Geräusche aufeinander folgen oder ob eine gewisse Rhythmik eingebaut wird (zwei schnelle Töne, einer mit zeitlich größerem Abstand), trainieren die Kinder ihre auditive Ordnungsschwelle, also das Erkennen und Benennen der Reihenfolge akustischer Reize.

Puzzeln mit Geheimsprache

Material:	ein Rahmenpuzzle mit nicht mehr als 40 Teilen, schwarzer Filzstift, evtl. Trillerpfeife
Zeitaufwand:	30 Minuten
Alter:	ab 6 Jahren
Teilnehmer:	ein Spielleiter, ein Kind

Bereiten Sie ein Puzzle vor, indem Sie auf die Rückseite die Geheimsprache schreiben. Die Geheimsprache besteht aus Punkten und Strichen, die Sie beliebig kombinieren können. Sie sollten jedoch darauf achten, die gleiche Kombination nicht häufiger als zweimal aufzuschreiben und nicht zu viele Zeichen zu verwenden (schreiben Sie 4 bis 6 Zeichen pro Puzzleteil).

Die Geheimsprache spricht man so: wenn Sie in die Hände klatschen bedeutet es einen Punkt, wenn sie mit beiden Handflächen übereinander streichen einen Strich.

Alle Puzzleteile werden mit der Rückseite nach oben auf dem Tisch verteilt. Als Spielführer stehen Sie am besten hinter dem Kind, um die gleiche Blickrichtung zu haben. Suchen Sie sich ein Puzzleteil aus und „lesen" Sie die Geheimsprache vor. Das Kind muss nun an Hand der gehörten Signale den richtigen Zeichencode suchen und darf dann das Puzzleteil in den Rahmen einbauen. Gespielt wird, bis das Puzzle fertig ist.

➡️ Eventuell ist es notwendig, mit dem Kind vorher noch einmal die Leserichtung zu klären. Sie beginnen natürlich immer von links nach rechts, dem Kind muss dies ggf. nochmals erklärt werden, zumal es vielleicht ein Puzzleteil gibt, das von rechts nach links gelesen Ihrer Geräuschfolge entspricht ...

Das Spiel kann auch mit einer Trillerpfeife gespielt werden. Die Zeichen bleiben dabei gleich, ein Punkt wird nun als kurzes Pfeifen, ein Strich als langer Ton dargestellt.

ℹ️ Ein Puzzle auf diese Art zu spielen, fördert die *auditive Wahrnehmung* des Kindes. Es muss die verschiedenen Geräusche differenzieren, sich darauf konzentrieren und Störgeräusche ausblenden. Um die Abfolge richtig zu erkennen, ist es notwendig, die Reihenfolge der Geräusche zu identifizieren und kurzzeitig abzuspeichern. Während das Kind nun das Gemerkte mit allen Puzzleteilen abgleicht, trainiert es seine Konzentration und seine Merkfähigkeit.

3 D-Puzzles

Material:	eine Kartoffel oder ein Apfel, ein Obstmesser, Schneide-brett, Zahnstocher
Zeitaufwand:	ab 10 Minuten
Alter:	ab 6 Jahren
Teilnehmer:	ab 1 Spieler

Eine Kartoffel oder ein Apfel wird mit einem Obstmesser in 5 Teile geteilt. Dabei kann man die Kartoffel halbieren und dann eine Hälfte in zwei, die andere Hälfte in drei Stücke schneiden. Die Teile werden gemischt und die Kinder dürfen nun versuchen, das Puzzle mit Zahnstochern wieder zusammenzufügen.

Achtung: eventuell benötigen die Kinder Hilfe beim Einstecken der Zahnstocher, vor allem, wenn die Kartoffeln oder Äpfel noch sehr hart sind.

➡️ Weil man die Lebensmittel nach dem Spielen vermutlich nicht mehr essen möchte, können die Kinder zum Abschluss des Tages noch Kunstwerke mit Kartoffeldruck gestalten (Material dazu: Kartoffeln, kleine Messer und evtl. Ausstechförmchen, Papier, Wasser- oder Plakatfarben, Pinsel, Wasser, Behälter und Malkittel). Weitere Spiele mit Kartoffeln finden Sie auf Seite 113 ff.

ℹ️ Diese Beschäftigung fördert neben der *Feinmotorik* auch die Konzentration. Die Kinder hantieren mit beiden Händen, setzten gezielt Kraft ein und müssen diese gut dosieren. Gleichzeitig planen sie, wo sie die Zahnstocher platzieren, damit die Teile zusammen halten und der Zahnstocher auch beide Teile erreicht. Beim

Versuch, die Einzelteile zu einem Ganzen zusammen zu bringen, schulen Kinder ihre Konzentration, das genaue Hinsehen und das Konzept regelmäßiger Kontrollen. Sie lernen zudem, sich vorzustellen, wie kleine Stücke als großes Ganzes aussehen (Gestalt schließen).

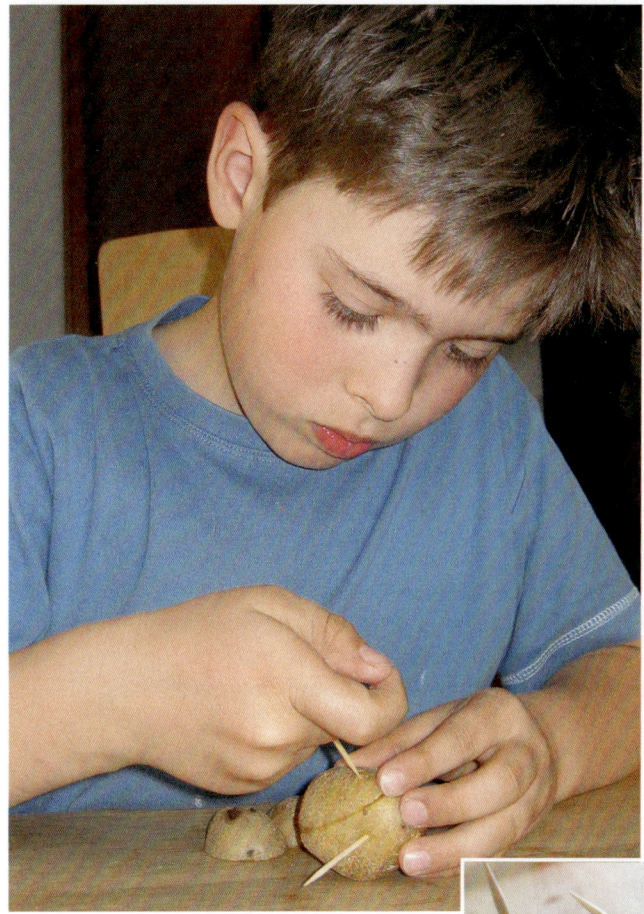

Der Jäger schießt

Material:	keines
Zeitaufwand:	5 Minuten
Alter:	ab 5 Jahren
Teilnehmer:	Gruppenspiel, auch für Schulklassen geeignet

Dieses Spiel kenne ich noch aus meiner Grundschulzeit. Damals diente es der Auflockerung zwischen zwei Unterrichtsstunden.

Der Spielleiter kann zwei verschiedene Kommandos geben: „Der Jäger schießt" oder „Der Jäger schaut". Kommt das erste Kommando, muss die ganze Gruppe schnell in die Hocke gehen, kurz so verweilen und darf sich dann wieder hinstellen. Kommt das Kommando „Der Jäger schaut" müssen alle Kinder stehen bleiben. Macht ein Kind einen Fehler, setzt es sich entweder auf seinen Platz oder an den Rand der Spielfläche. Gespielt wird entweder, bis nur noch ein Kind steht, oder eine vereinbarte Zeit abgelaufen ist.

Um das Spiel spannender zu machen, kann man nach den ersten Kommandos die Zwischenzeit verkürzen oder das „sch…" immer länger betonen, bis man das Kommando vollständig ausspricht.

Dieses Spiel eignet sich zum einen dafür, eine ganze Gruppe von Kindern kurz in Bewegung zu bringen. Gerade wenn längere Zeit gesessen werden muss, bringt es die Kinder wieder in Schwung, kurz aufzustehen und sich ein wenig zu bewegen. Dadurch, dass die Kinder aber nicht wild zu toben anfangen, lassen sie sich anschließend wieder gut auf sitzende Tätigkeiten ein.

Zum anderen trainiert das Spiel „Der Jäger schießt" Konzentration und Aufmerksamkeit. Obwohl die Kinder die Möglichkeit bekommen, sich zu bewegen, müssen sie ihre Aufmerksamkeit sehr genau auf den Spielleiter richten und darauf achten, welches Kommando dieser gibt. Durch den gleichen Wortanfang bei beiden Kommandos ist genaues hinhören gefragt, um lange mitspielen zu können. So lernen die Kinder auch, ihre spontanen Impulse zu unterdrücken.

Kimspiel mit Haushaltsschnur

Material:	5 unterschiedlich lange Stücke Haushaltsschnur, ein Beutel (z. B. Jutebeutel oder Kopfkissenbezug)
Zeitaufwand:	10 Minuten
Alter:	ab 6 Jahren
Teilnehmer:	1 bis 2 Spieler

Schneiden Sie 5 unterschiedlich lange Stücke Haushaltsschnur zurecht. Alle Stücke werden in einen blickdichten Beutel gegeben. Nun darf das Kind beide Hände in den Beutel stecken und, ohne in den Beutel hineinzusehen, die Schnurstücke der Reihe nach, das kleinste zuerst, herausholen und nach Größe geordnet vor sich auf den Tisch legen.

Haushaltsschnur eignet sich gut für dieses Spiel, da sie ein bisschen steif ist und man daher gut die Längen der verschiedenen Stücke ertasten kann. Man kann natürlich auch Wolle oder dickes Garn verwenden. Wichtig ist, dass die Stücke nicht zu lang sind und der Unterschied zwischen den Schnüren mindestens 1 – 2 cm beträgt.

ⓘ Längen zu erfassen, zu vergleichen und zu sortieren, ist eine wichtige Grundvoraussetzung für das Rechnen. Kinder müssen sich mit Mengen und Größen auseinandersetzen, um im Umgang mit Zahlen souverän zu werden. Große Längen von kleinen Längen unterscheiden zu können, hilft Kindern dabei, sich auch große und kleine Mengen oder Längenangaben vorstellen zu können. So gelingt es ihnen leichter, sich im Zahlenraum zu orientieren, den Zahlenwert zu erfassen und mit diesen Zahlenwerten in Rechenoptionen umzugehen.

Dieses Spiel trainiert darüber hinaus die Konzentration und die *Wahrnehmung*. Durch den Ausschluss visueller Kontrolle müssen sich die Kinder stark auf ihr taktiles System konzentrieren.

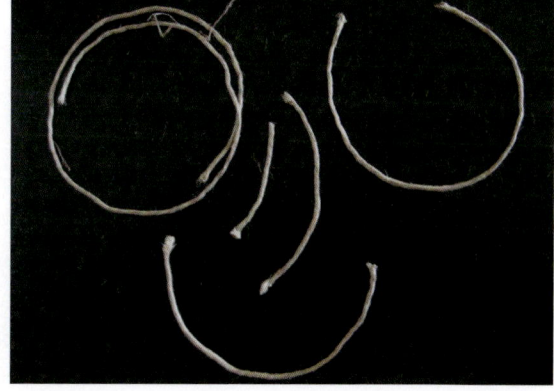

Kimspiel mit Dominosteinen

Material:	Dominosteine, ein kleiner Stoffbeutel, Jutesack oder Kopfkissenbezug, Papier und Stift
Zeitaufwand:	ab ca. 10 Minuten
Alter:	ab 7 Jahren
Teilnehmer:	1 Spieler

Suchen Sie aus einem Dominospiel 6 Steine aus, die wenige Punkte haben. Testen Sie unbedingt selbst, ob Sie die Punkte auf den Dominosteinen ertasten können. Notieren Sie sich dann die Werte der Steine auf einem Blatt Papier oder zeichnen Sie die Steine nach.

Zunächst erklären Sie dem Kind, dass es die Steine, ohne hinzusehen, ertasten soll. Geben Sie dem Kind einen Stein, damit es ihn vorab einmal genau ertasten kann. Viele Dominosteine haben auch auf der Rückseite ein graviertes Muster. Erklären Sie dem Kind, dass es nur die Vertiefungen der weißen Punkte ertasten soll, um den Wert des Dominosteines zu ermitteln.

Die 6 Steine werden dann in einen Stoffbeutel gegeben. Nun gibt es zwei Varianten:

Entweder Sie bitten das Kind einen bestimmten Stein zu finden, den Sie auf dem Beiblatt zeigen können. Oder, für den Anfang etwas einfacher, das Kind sucht sich durch Tasten einen Stein aus und beschreibt ihn mit Hilfe der gezeichneten Steine.

ⓘ Dieses Spiel trainiert die Konzentration und die *Wahrnehmung*. Unter Ausschluss visueller Kontrolle fällt es den Kindern zwar leichter, sich auf taktile Reize zu konzentrieren, sie müssen aber dennoch geringfügige Unterschiede wahrnehmen. Da sich die Steine nur in geringen Merkmalen unterscheiden, und die zu spürenden Reize im Prinzip identisch sind (auf jedem Stein runde Vertiefungen), benötigen die Kinder ein hohes Maß an Konzentration, um sie dennoch zu vergleichen. Es fördert die selektive Wahrnehmung, gezielt nach einem bestimmten Stein zu suchen und falsche Steine auszublenden.

Dominoreihe Kettenreaktion

Material:	Dominosteine, Bausteine oder Kapplasteine, glatte, ebene Fläche zum Bauen!
Zeitaufwand:	20 bis 30 Minuten, je nach Menge der Steine
Alter:	ab 6 Jahren
Teilnehmer:	1 bis 2 Spieler

Hier sind Geduld und Frustrationstoleranz gefragt!

Für eine Dominoreihe werden die Steine auf die schmale Seite gestellt. Zum nächsten Stein sollte ungefähr ein Abstand von zwei bis drei Zentimeter eingehalten werden. Beginnen Sie mit kurzen Strecken und nur leichten Kurven. Ist das Bauwerk fertig, stößt man den letzten oder den ersten Stein leicht an, damit er auf den nächsten Stein fällt und so die Kettenreaktion ausgelöst wird.

ⓘ Der Aufbau dieser Kettenreaktion erfordert emotionale und feinmotorische Fähigkeiten. Werden die Steine aufgestellt, so müssen die Fingerbewegungen abgestuft und isoliert werden. Die Kinder müssen genau aufpassen, damit sie beim Aufstellen die anderen Steine nicht umstoßen. Erfahrungsgemäß kommt es aber doch immer wieder vor, dass die bereits aufgestellten Steine berührt werden und so die Reaktion vorschnell ausgelöst wird. Dann ist Frustrationstoleranz gefragt!

Endlosgeschichte

Material:	keines
Zeitaufwand:	10 Minuten
Alter:	ab 8 Jahren
Teilnehmer:	ab 2 Mitspielern

Dieses Spiel können Sie am besten mit mehreren Kindern spielen. Ziel ist es, gemeinsam eine Geschichte zu erfinden. Das besondere ist jedoch, dass sich die Geschichte erst nach und nach aufbaut. Der Beginn der Geschichte wird dabei jeweils wiederholt und durch ein neues Wort ergänzt. Hier ein Beispiel: „Eine" – „Eine Schnecke" – „Eine Schnecke kroch" – „Eine Schnecke kroch durch" – „Eine Schnecke kroch durch einen" – „Eine Schnecke kroch durch einen langen" – „Eine Schnecke kroch durch einen langen Tunnel."
Das erste Kind nennt das erste Wort, das zweite Kind wiederholt das erste Wort und hängt ein neues Wort an. Möchte ein Kind einen Satz beenden, so sagt es am Ende den Punkt an. („Eine Schnecke kroch durch einen langen Tunnel *Punkt*")

○ Dieses Spiel eignet sich gut für Bus- oder Autofahrten sowie Wanderungen oder Wartezeiten, da kein Material notwendig und der Unterhaltungswert dennoch groß ist.

ⓘ Eine Endlosgeschichte trainiert die Konzentration und Merkfähigkeit sowie die verbale Ausdrucksfähigkeit. Die Kinder müssen sich die begonnenen Sätze merken und dürfen sie nur mit passenden Wörtern ergänzen. Dazu müssen sie sich zum einen auf den gesamten Satzinhalt konzentrieren, zum anderen aber auch auf das letzte Wort, von dem oft abhängt, wie die Satzkonstruktion weitergehen kann.

Wörter zählen in einer Geschichte oder im Radio

Material:	ein Buch, evtl. ein Radiogerät
Zeitaufwand:	15 Minuten
Alter:	ab 7 Jahren
Teilnehmer:	ab 1 Spieler

Dieses Spiel ist schnell vorbereitet: suchen Sie sich eine nicht zu lange Geschichte und wählen Sie daraus ein prägnantes Wort aus. Handelt die Geschichte von einem Hund, so könnte „Hund" das gewählte Wort sein. Sie können sich aber auch für ein Wort wie „und", „ich" oder „ist" entscheiden. Lesen Sie nun diese Geschichte vor und bitten Sie das Kind, das betreffende Wort zu zählen, so oft es vorkommt.

➡ Wenn Sie im Auto unterwegs sind, lässt sich diese Übung auch leicht mit dem Radiogerät durchführen: dabei sollten Sie ein gängiges Wort wählen, dass mit hoher Wahrscheinlichkeit genannt wird. Sie können natürlich auf diesem Weg auch selbst ihre Konzentrationsleistung nebenbei trainieren.

ℹ Diese Übung hat einen positiven Einfluss auf die Konzentrationsleistung. Die Kinder fokussieren ihre Aufmerksamkeit auf das gesprochene Wort und selektieren dabei noch wichtige von unwichtigen Informationen. Da Sie anschließend abfragen, wie oft das Wort im Text enthalten war, müssen sich die Kids nebenbei die Anzahl merken und trainieren so auch noch die Merkfähigkeit.

Wasserglas füllen

Material:	Messbecher, Glas, Wasser
Zeitaufwand:	10 Minuten
Alter:	ab 8 Jahren
Teilnehmer:	ab 1 Spieler

Dieses Spiel eignet sich besonders für die warmen Tage im Sommer und dann spielt man es am besten draußen und in der Badehose. Füllen Sie den Messbecher mit Wasser und stellen Sie ein leeres Glas bereit. Dem Kind werden die Augen verbunden. Es muss nun das leere Glas mit dem Wasser aus dem Messbecher füllen, ohne dass das Wasser überläuft. Nur durch die Geräusche, die das einlaufende Wasser macht, muss das Kind herausfinden, wie voll das Glas bereits ist und wann es aufhören muss, einzugießen. Spielen Sie das Spiel mit mehreren Kindern, können Sie einen kleinen Wettkampf daraus machen: entweder stoppen Sie dazu die Zeit, oder Sie stellen jedem Kind einen Messbecher zur Verfügung und vergleichen am Ende, welches Kind den Becher am exaktesten gefüllt hat.

ℹ️ Um bei dieser Beschäftigung erfolgreich zu sein, müssen Kinder über gute Konzentration verfügen. Bei den ersten Versuchen wird es passieren, dass das Kind zu viel Wasser in das Glas füllt, da die Geräusche noch nicht vertraut sind. Nach einigen Wiederholungen schärft sich die *Wahrnehmung* und die Kinder lernen, sich gezielt auf das Plätschern des Wassers zu konzentrieren. Dazu müssen die Kinder versuchen, Hintergrundgeräusche auszublenden und das Wasser in den Fokus zu stellen.

Klammern ketten

Material:	10 Büroklammern pro Kind
Zeitaufwand:	10 Minuten
Alter:	ab 7 Jahren
Teilnehmer:	ab 1 Person

Allen Kindern werden die Augen verbunden. Vor jedes Kind werden 10 Büroklammern auf den Tisch gelegt. Ziel ist es, ohne Blickkontakt alle 10 Klammern zu einer Kette aneinanderzureihen. Der Spieler, der dies als erstes schafft, gewinnt das Spiel.

ⓘ Diese Übung trainiert die Konzentration und die *Feinmotorik*. Einigen Kindern bereitet der Umgang mit Büroklammern schon sehenden Auges Schwierigkeiten. Nun jedoch müssen sie sich ganz auf die ertasteten Informationen verlassen und diese richtig interpretieren: wo sind die offenen Seiten der Klammern? Wie müssen die beiden Klammern zueinander ausgerichtet werden? Wie müssen sie dazu gehalten und fixiert werden? Hatte ein Kind einmal Erfolg, kann es sich diesen Plan merken und evtl. erneut schnell umsetzen. Lässt es sich aber von anderen taktilen oder auditiven Reizen ablenken, kommt es nur schwer zum Erfolg.

Reise Bingo

Material:	eventuell Papier und Bleistift
Zeitaufwand:	15 Minuten
Alter:	ab 6 Jahren
Teilnehmer:	ab 2 Spielern

Dieses Spiel eignet sich hervorragend, um sich auf längeren Fahrten oder Wanderungen die Zeit zu vertreiben. Ein Spielleiter gibt anfangs drei Begriffe vor, die in der Umgebung gesehen werden sollen. Dabei sollte man sich natürlich an den häufig vorkommenden Dingen orientieren. So könnte bei einer Fahrt durch die Stadt nach Ampel, Taxi oder Straßenbahn Ausschau gehalten werden, während bei einer Wanderung eher Wegkreuze, Bänke oder Bäche zu erwarten sind. Alle Mitspieler halten nun nach diesen drei Objekten Ausschau und nennen sie, wenn sie irgendwo entdeckt wurden. Das Kind, das als erstes alle drei Objekte entdeckt hat, darf die nächsten drei nennen.

Diese Art von Spiel eignet sich auch, um spielerisch das Erkennen von Zahlen zu üben, während Sie in der Stadt sind. Nennen Sie drei Zahlen, die das Kind finden soll. Dabei kann es auf Hausnummern achten, auf Telefonnummern oder auf Kilometerangaben. Sie können auch die Zahlen von eins bis zehn auf einen Zettel schreiben, den das Kind bekommt. Sobald es eine der Zahlen entdeckt hat, darf es diese durchstreichen. Vielleicht gibt es eine Kugel Eis, wenn alle Zahlen gefunden wurden?

ⓘ Diese „Bingo"-Spiele fördern die *Kognition* der Kinder. Sie müssen sich die gesuchten Begriffe merken und dann stets aufmerksam bleiben. Sie trainieren ihre selektive Wahrnehmung: der Traktor auf dem Feld ist uninteressant, wenn ich zu erkennen versuche, ob da am Feldrand eine Bank steht. Unwichtiges wird in diesem Augenblick ausgeblendet und die Konzentration auf das wesentliche gelenkt. Zudem müssen die Kinder entscheiden, welche Gegenstände in der jeweiligen Umgebung zu entdecken sein werden: wer auf einem Waldspaziergang nach einer Ampel sucht, wird keinen Erfolg haben ...

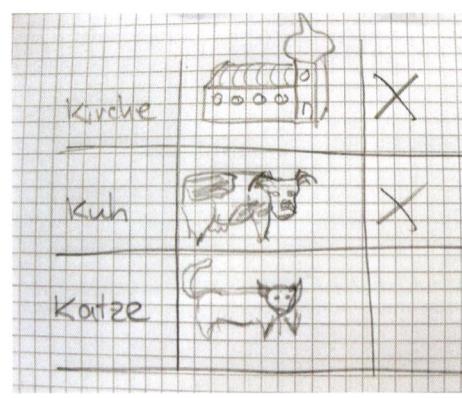

Stifte Dompteur

Material:	drei Stifte, am besten Buntstifte, die in etwa gleich lang und gleich dick sein sollten
Zeitaufwand:	5 Minuten
Alter:	ab 6 Jahren
Teilnehmer:	1 Spieler, oder mehrere Spieler gleichzeitig um die Wette, ein Helfer wird benötigt

Der Spieler nimmt je einen Stift in eine Hand und fasst dabei den Stift am unteren Ende an, so dass die Spitzen der Stifte parallel vom Körper weg zeigen, wie Schienen einer Eisenbahn. Quer auf diese Schienen legt der Helfer einen dritten Buntstift. Der Spieler versucht nun, den quer liegenden Stift vor und zurück rollen zu lassen, ohne ihn fallen zu lassen.

Will man einen Wettkampf veranstalten, stoppt man entweder die Zeit, die jeder Spieler schafft, ohne den rollenden Stift fallen zu lassen, oder man zählt, wie oft der Stift in einer bestimmten Zeit vor und zurück gerollt ist.

Dieses Spiel trainiert die Konzentration und die *Feinmotorik*. Beide Stifte müssen sehr ruhig gehalten und mit gut dosierten Bewegungen gesteuert werden. Die *Propriozeption* hilft den Kindern, die Stifte stets parallel zu halten und zu bewegen. Ohne ein hohes Maß an Konzentration werden die Kinder aber kaum zum Ziel kommen. Wer ungeduldig ist und seine Impulse nicht kontrollieren kann, lässt den Stift schnell hinabrollen. Es ist wichtig, dass die Augen den Bewegungen folgen und die Aufmerksamkeit stets nur auf die drei Stifte gerichtet ist. Wer sich von externen Reizen ablenken lässt, verliert den Stift.

Wörter verzaubern

Material:	keines
Zeitaufwand:	5 Minuten
Alter:	ab 7 Jahren
Teilnehmer:	2 bis 6 und ein Spielleiter

Der Spielleiter gibt ein kurzes Wort vor, z.B. „Baum". Reihum nennt nun jeder Spieler ein neues Wort, bei dem er einen Buchstaben (oder Laut) verändert. Der nächste Spieler sagt also z.B. „Raum", der übernächste „Schaum", „kaum" und so weiter. Der Spieler, dem das letzte Wort eingefallen ist, wenn also alle anderen Mitspieler kein weiteres Wort mehr wissen, darf das nächste Wort bestimmen.

Für dieses Spiel eignen sich besonders gut Wörter, die man reimen kann. Allerdings muss sich das Wort nicht unbedingt reimen, auch die Änderung von „rund" auf „Rand" ist richtig!

Dieses Spiel hat einen positiven Einfluss auf die *Kognition*. Es verlangt viel Konzentration, sich das Wort „vorzustellen" und gedanklich einen Buchstaben auszutauschen. Dazu müssen die Kinder eine visuelle Vorstellung vom Wort haben, es sich also in der geschriebenen Form vorstellen. Der sogenannte visuelle Speicher ist wichtig, um zu guten Rechtschreibleistungen zu gelangen, da er es ermöglicht, Fehler an Hand des Schriftzuges zu erkennen.

2. Lesen und Schreiben

Wie Kinder lesen und schreiben lernen

Warum Reime so wichtig sind – von der Bedeutung der Phonologischen Bewusstheit

Die ersten grundlegenden Voraussetzungen für das Lesen und Schreiben bilden sich bereits im Kindergartenalter aus: Im dritten bis vierten Lebensjahr entwickeln Kindern die Fähigkeit, Reimwörter zu bilden und zu erkennen. Sie wächst noch durch Fingerspiele, Abzählverse, Lieder und Gedichte, die zu Hause oder im Kindergarten gespielt und aufgesagt werden. Kinder gewinnen auf diesem Weg eine Einsicht in den lautlichen Aufbau der Sprache. Wenn Kinder lesen und schreiben lernen, müssen sie die lautlichen und strukturellen Aspekte der Sprache erkennen. Sie brauchen die Fähigkeit, aus dem Lautstrom der gesprochenen Sprache einzelne lautliche Elemente (losgelöst vom Inhalt) zu unterscheiden und zu erkennen.

Diese Fähigkeit bezeichnet man als *Phonologische Bewusstheit*. Es gilt inzwischen als gesicherte Erkenntnis, dass zwischen der Qualität der phonologischen Bewusstheit und der Entwicklung von Lese-Rechtschreibkompetenz ein kausaler Zusammenhang besteht.

Die Stufen des Lese- und Schrifterwerbs

- **Vorschulische Phase**
  Noch bevor Kinder in der Schule strukturiert lernen zu lesen und zu schreiben, machen sie viele wichtige Erfahrungen. Sie sehen die Eltern den Einkaufszettel schreiben und wollen daraufhin selbst etwas kritzeln oder Buchstaben aus dem Werbeprospekt abschreiben. Sie hören, wie jemand einem Kind vorliest und tun dann so, als ob sie dem Stofftier vorlesen. Sie ahmen also äußere Verhaltensweisen nach und machen so die Erfahrung, dass lesen und schreiben in unserer Gesellschaft von Bedeutung sind.

- **Logographische Stufe / Halbphonetisches Stadium**
  In dieser Stufe spielen visuelle, also gesehene Reize eine große Rolle. Kinder setzen sich in dieser Phase bereits mit Schrift auseinander und erkennen, dass ein Schriftzug nicht mit einem Bild gleichzusetzen ist, sondern dass er vielmehr eine feststehende Bedeutung hat. So erkennen sie Firmenembleme, die Buchstaben ihres Namens oder erlernte Wörter wie z. B. MAMA oder OMA. Kinder in diesem Alter haben noch keine Buchstabenkenntnis, wissen aber um deren Funktion. Sie können einzelne Wörter (meist den Namen oder kurze, einfache Wörter wie PAPA oder OPA) auswendig aufschreiben, benennen dabei aber oft nicht den Buchstabennamen, sondern auf visuellen Reizen basierende Hilfestellungen (bei A beispielsweise „jetzt kommt das

Zelt", bei S „die Schlange"). Die produzierten Wörter sind eher gemalt als geschrieben.

- **Alphabetische Stufe / Phonetische Phase**
  Schon nach wenigen Wochen Unterricht erreichen die Schüler die nächste Phase des Lernens. Sie wissen nun, dass Wörter aus vielen kleinen Einheiten zusammengesetzt sind, die durch Lautanalyse und Lautsynthese entziffert werden können. Zu geschriebenen Buchstaben (**Grapheme**) können die Kinder Laute **(Phoneme)** zuordnen, durch das laute Lesen besteht ein Bezug zur gesprochenen Sprache. In dieser Phase werden die meisten Wörter lautiert, also Buchstabe für Buchstabe gelesen. Es gelingt noch kein flüssiger Lesevortrag, auch die Bedeutung des Gelesenen wird zum Teil noch nicht erkannt. Jetzt spielt die Phonlogische Bewusstheit eine bedeutende Rolle, um Phoneme lautgetreu aufschreiben zu können. Lautgetreue Wörter sind Wörter, die man schreiben kann, wie man sie spricht, zum Beispiel „oben", „Tante" oder „Hase". Orthographische Regeln werden in dieser Phase noch nicht beachtet, die Kinder orientieren sich stark an der eigenen Artikulation. Durch dialektal gefärbte Umgangssprache kann es zum Auftreten von Fehlern kommen. Lese-Rechtschreib-Schwache Kinder verbleiben oft lange auf dieser Stufe!

- *Orthographische* **Stufe / Phonetische Umschrift**
  In dieser Stufe lernen Kinder, dass es bestimmte Rechtschreibregeln gibt, die von der eigenen Artikulation abweichen. Zusätzlich zum Prinzip der Laut-Buchstaben-Zuordnung erwerben die Schüler das Wissen über orthographische Regeln und wenden beides beim Schreiben an. Der Grundwortschatz kann in dieser Phase zunehmend automatisiert geschrieben werden, muss aber durch stetes Üben aufgebaut werden. Die Integration orthographischer Regeln bestimmt nun auch das Lesen. Die Kinder erkennen, welche Laute verbunden und welche getrennt gesprochen werden müssen und setzen die Betonung der Vokale zunehmend richtig ein. Häufig auftretende Buchstabenfolgen (der, die, das, und) werden gespeichert und zur Grundeinheit des Entschlüsselns. Die Schüler müssen Wörter, die bereits im inneren Lexikon verankert sind, nicht mehr Buchstabe für Buchstabe erlesen. In dieser Phase ist es wichtig, dass die Kinder über einen großen aktiven Wortschatz verfügen.

- **Hypothesenbildung / Morphematische Stufe**
  Ein geübter Leser bildet stets nach dem Erkennen des ersten Buchstabens bereits eine Hypothese. Er wechselt dazu auf die Wortschatzebene und sucht dort nach in Frage kommenden Wortbildern. Mit dem zweiten Buchstaben überprüft er seine Hypothese, bestätigt oder verwirft sie. Abschließend folgt die Synthese. Durch die Hypothesenbildung gelingt ein schnelleres Lesen mit automatisiertem Worterkennen. Beim Schreiben gelingt es den Schülern in dieser Stufe, die Struktur der Wörter zu beachten und daraus Rückschlüsse

auf die Rechtschreibung zu ziehen. Dazu gehört die Erschließung des Wortstammes (Läufer kommt von laufen und wird deshalb mit „äu" geschrieben) und die Zergliederung in Wortteile (Staubsauger von Staub und saugen).

Auf Kriegsfuß mit der Rechtschreibung

Wenn Kindern das Lesen und das *orthographisch* richtige Schreiben schwer fallen, werden eine Menge Begrifflichkeiten angeführt, die dies erklären oder benennen sollen. Um ein wenig Übersicht zu bieten, hier zunächst die wichtigsten Definitionen:

Legasthenie

Legasthenie bezeichnet eine umschriebene Störung im Erlernen der Schriftsprache, die nicht durch eine allgemeine Beeinträchtigung der geistigen Entwicklungs-, Milieu- oder Unterrichtsbedingungen erklärt werden kann. Vielmehr ist die Legasthenie das Ergebnis von Teilleistungsschwächen der Wahrnehmung, Motorik und/oder der sensorischen Integration, bei denen es sich um anlagebedingte und/oder durch äußere schädigende Einwirkungen entstandene Entwicklungsstörungen von Teilfunktionen des zentralen Nervensystems handelt.
(Definition der Weltgesundheitsorganisation)

Lese-Rechtschreib-Störung

Die Lese-Rechtschreibstörung zählt zu den umschriebenen Entwicklungsstörungen schulischer Fertigkeiten (F81). „Der Begriff der umschriebenen Entwicklungsstörungen schulischer Fertigkeiten umfasst die spezifischen und deutlichen Beeinträchtigungen des Erlernens des Lesens, Rechtschreibens und Rechnens. Ihnen gemeinsam ist die *ätiologische* Annahme, dass diese Störungen wesentlich in einer zentralnervösen, kognitiven Störung der Informationsverarbeitung begründet sind.
(Definition laut Leitlinien zur Diagnostik und Therapie von psychischen Störungen im Säuglings-, Kindes- und Jugendalter)

Lese-Rechtschreib-Schwäche

Lässt sich eine Lese-Rechtschreibschwierigkeit durch mangelhafte Beschulung, durch eine psychische oder neurologische Erkrankung oder durch eine Sinnesbehinderung (z. B. Schwerhörigkeit oder Sehbehinderung) erklären, liegt eine oft vorübergehende Lese-Rechtschreibschwäche vor.
(Definition laut Bundesverband Legasthenie und Dyskalkulie e. V.)

Die Diagnose einer Lese-Rechtschreibstörung wird durch Ärzte für Kinder- und Jugendpsychiatrie oder Diplom-Psychologen gestellt. Wichtig sind dabei der Informationsaustausch und eine enge Kooperation mit Schule und Eltern. Lese- und Rechtschreibtests werden teilweise auch in den Schulen durchgeführt, größtenteils aber in speziellen Beratungsstellen oder den schulpsychologischen Diensten.

Obwohl die Kultusministerkonferenz bereits 2007 einen Beschluss zu den „Grundsätzen zur Förderung von Schülern mit besonderen Schwierigkeiten beim Erlernen des Lesens und Rechtschreibens" gefasst hat, gibt es leider noch keine einheitlichen Regelungen zur Förderung und zum Nachteilsausgleich. Grundsätzlich ist aber vorgesehen, dass lese-rechtschreib-auffällige Kinder in der Lese-/ Rechtschreibleistung nicht benotet werden, bei Prüfungen eine Zeitzugabe bekommen oder mündlich geprüft werden oder der Einsatz von Hilfsmitteln (z. B. Computer) gewährleistet wird. Welche Erlasse in Ihrem Bundesland geltend sind, erfahren Sie z. B. über die Homepage des Bundesverbandes für Legasthenie und Dyskalkulie. Die Kontaktinformationen finden Sie im Serviceteil.

Anlaute Memo

Material:	Papier, Zeitschriften, Schere, Stifte
Zeitaufwand:	in der Vorbereitung etwas aufwändiger, beim Spielen ca. 15 Minuten
Alter:	ab 6 Jahren
Teilnehmer:	Ab 2 Spieler

Bereiten Sie für das Spiel Memo-Karten vor: die eine Hälfte besteht aus Bildern, die andere aus den passenden Anlauten. Zum Bild vom Apfel gehört also das Buchstabenkärtchen „A", der Memo-Partner vom Haus ist das „H". Bedenken Sie, dass es unter Umständen mehrere Motive mit dem gleichen Anlaut geben wird – Sie brauchen dann auch die entsprechende Anzahl an Buchstabenkärtchen!

Im Spielverlauf decken die Spieler wie gewohnt 2 Karten auf. Passen Bild und Anlaut zusammen, darf der Spieler erneut zwei Karten aufdecken. Gehörten die zwei Karten nicht zusammen, werden beide wieder verdeckt und der nächste Spieler ist an der Reihe. Es gewinnt der Spieler, der am Ende die meisten Pärchen sammeln konnte.

ℹ Dieses Spiel trainiert die Merkfähigkeit und die *auditive Wahrnehmung*. Wie bei allen Memo-Spielen geht es darum, sich die Lage der Karten zu merken und im richtigen Augenblick darauf zurückzugreifen. In dieser Spielvariante geht es aber zudem darum, den Anlaut des gesehenen Bildes zu identifizieren und einen abgebildeten Buchstaben zu erkennen. Vor allem leseschwache Kinder erfahren nicht den Leistungsdruck, lesen zu müssen. Leseanfänger üben mit diesem Spiel neben grundlegenden Fähigkeiten auch die *Graphem-Phonem* Zuordnung.

Leseabenteuer im Dunkeln

Material:	Papier, dicker schwarzer Filzstift, Klebeband, Taschenlampe
Zeitaufwand:	5 bis 20 Minuten
Alter:	ab 6 Jahren
Teilnehmer:	1 Kind

Täglich lesen zu üben ist wichtig, um schnell konstante Leistungen in diesem Bereich zu erzielen. Täglich zu lesen, ist für Kinder aber manchmal langweilig. Dann hilft diese Spielidee, die für Kinder schon deshalb spannend ist, weil sie im Dunkeln stattfindet!

Bereiten Sie kleine Zettel (ca. 5 x 10 cm) vor und schreiben Sie auf jeden Zettel einen Buchstaben. Es empfiehlt sich, zunächst nur Großbuchstaben zu verwenden. Die Zettel werden mit ausreichend Abstand an eine weiße Wand, Schranktüren oder Zimmertüren geklebt. Der Raum wird abgedunkelt. Mit einer Taschenlampe (der Strahl sollte möglichst punktuell sein und nicht zu breit streuen) strahlen Sie Buchstaben an, bilden Silben oder ganze Wörter.

Variante 1: Während Kinder das Lesen lernen und erst nach und nach neue Buchstaben kennenlernen, macht es Sinn, mit genau diesen Buchstaben zu arbeiten. Es geht dabei zunächst darum, die Buchstaben sicher zu benennen. Der Spielleiter leuchtet auf den Buchstaben, das Kind benennt ihn. Auch für Kinder mit einer Lese-Rechtschreib-Problematik ist es wichtig, diese Stufe des Leseerwerbs intensiv zu üben.

➡ Bei dieser Variante macht es Sinn, auch Kleinbuchstaben einzubeziehen.

Variante 2: Wenn bereits ein Großteil der Buchstaben bekannt ist, sollten Kinder die Synthese zweier Buchstaben üben, also zwei Buchstaben als kleine Lauteinheit zusammen lesen. Dazu leuchtet der Spielleiter erst auf einen Buchstaben, lässt ihn benennen, dann auf einen zweiten, lässt diesen ebenfalls benennen und verlangt abschließend die Synthese. Beispiel: B – A – BA. Natürlich sollte darauf geachtet werden, dass die Buchstaben gut als Lauteinheit gelesen werden können. Dazu bietet sich eine Kombination aus Vokal und Konsonant an. Nur wenige Konsonanten lassen sich ohne Vokal gut zusammenziehen.

Variante 3: Ist das Kind im zusammenziehen zweier Einzellaute geübt, kann zur letzten Stufe übergegangen werden, das Lesen von ganzen Wörtern. Diese sollten anfangs nicht zu lang sein, damit sich das Kind die bereits angestrahlten Buchstaben noch merken kann. Leseanfänger sollten zudem zunächst mit lautgetreuen Wörtern üben. Ist das Kind mit diesem Spiel vertraut und bereits ein sicherer Leser, können mit Taschenlampe und Buchstabenkärtchen ganze Sätze ausgetauscht werden.

Tipp: Bringen Sie solche Buchstabenkärtchen doch über dem Bett des Kindes an. So kann in entspannter Atmosphäre vor dem Schlafen spielerisch das Lesen geübt werden. Und schon bald kann die Mama dem Kind mit der Taschenlampe ein ins Dunkle geschriebene „GUTE NACHT" wünschen.

Liste mit lautgetreuen Wörtern

Banane	Beruf	Besen
Farbe	Feder	Foto
Garten	Gold	Hose
Hotel	Hut	Insel
Kasten	Kino	Kugel
Mama	Mantel	Nase
Pause	Pinsel	Rad
Tante	Telefon	Tor
Westen	Winter	

Dieses Spiel trainiert die Grundlagen des Leseerwerbs, die Konzentration und die Merkfähigkeit. Die Kinder üben genau die Bereiche, die auch in der Schule mit ihnen geübt werden. Durch das Spiel im Dunkeln steigt aber die Motivation, und die Inhalte aus dem Unterricht werden gefestigt. Da die Buchstaben im Schein der Taschenlampe immer nur kurz sichtbar werden, müssen sich die Kinder ganz besonders konzentrieren, um sich die Buchstaben merken und im Lesefluss darauf zurückgreifen zu können.

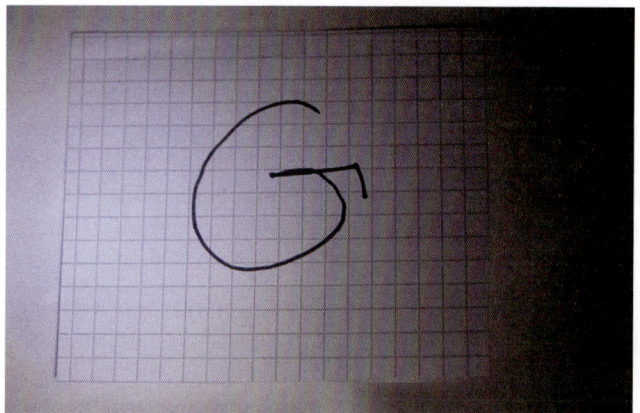

Galgenmännchen

Material:	am besten eine Tafel, es geht aber auch ein großes Blatt Papier, das an einer Wand / einer Tür befestigt wird, Kreide bzw. Stifte
Zeitaufwand:	15 bis 30 Minuten
Alter:	ab 7 Jahren
Teilnehmer:	ab 2 Spieler

Für diesen Spiele-Klassiker braucht man einen Spielleiter und mindestens einen Spieler. Der Spielleiter überlegt sich still ein Wort macht für jeden Buchstaben des Wortes einen Strich an die Tafel. Je älter die Mitspieler sind, desto schwerer und länger darf das Wort sein. Umlaute werden bei diesem Spiel, wie beim Kreuzworträtsel, in zwei Buchstaben ausgedrückt (Ö = OE). Das sollte man mit den Mitspielern vorher auch besprechen!

Ist das Wort durch Striche angezeichnet, beginnt der ratende Spieler einen Buchstaben des Alphabets zu nennen. Kommt dieser in dem gesuchten Wort vor, schreibt der Spielleiter ihn an die richtige Stelle. Kommt er mehrfach vor, wird er natürlich auch an allen Stellen eingetragen. Kommt der Buchstabe im Wort nicht vor, beginnt der Spielleiter einen Galgen zu malen. Wie dieser aussieht und wann das Spiel als verloren gilt, sollte vorher besprochen werden. Bereits genannte Buchstaben, die nicht im Wort vorgekommen sind, werden als Hilfestellung neben dem Galgenmännchen vermerkt. Schafft es der ratende Spieler das Wort zu lösen, bevor das Galgenmännchen komplett ist, darf er das nächste Wort aussuchen.

Variante als Gruppenspiel: Das Spiel kann auch mit einer Gruppe oder einer Schulklasse gespielt werden. Es spielen dann alle Kinder gegen den Spielleiter.

Wenn ein Kind der Spielleiter ist, empfiehlt es sich, die Schreibweise des ausgewählten Wortes zu klären. Bitten Sie dazu das Kind, das gewünschte Wort auf einen kleinen Zettel zu schreiben. So können Sie überprüfen, ob die Schreibweise korrekt ist und das Kind kann mit seinem „Spickzettel" nachschauen, wo die genannten Buchstaben eingetragen werden müssen. Es verlangt den Mitspielern erfahrungsgemäß ein großes Maß an Frustrationstoleranz ab, wenn das Wort durch Rechtschreibfehler, ausgelassene Buchstabenstellen oder falsch eingetragene Buchstaben nicht erraten werden konnte!

Dieses Spiel trainiert die Lesekompetenz und die Konzentration. Die Kinder müssen sich Gedanken über den Sprachaufbau machen, wenn sie schnell zur Lösung kommen wollen. Welche Buchstaben kommen im Deutschen häufig vor, welche brauche ich nicht vorrangig zu fragen? Welche Buchstabenkombinationen gibt es, und schließt das Vorhandensein eines Buchstaben an einer Stelle vielleicht bereits einige Buchstaben aus? Diese Überlegungen erfordern Konzentration, aber auch Frustrationstoleranz. Der spielerische Umgang mit Buchstaben nimmt den Druck, etwas leisten zu müssen.

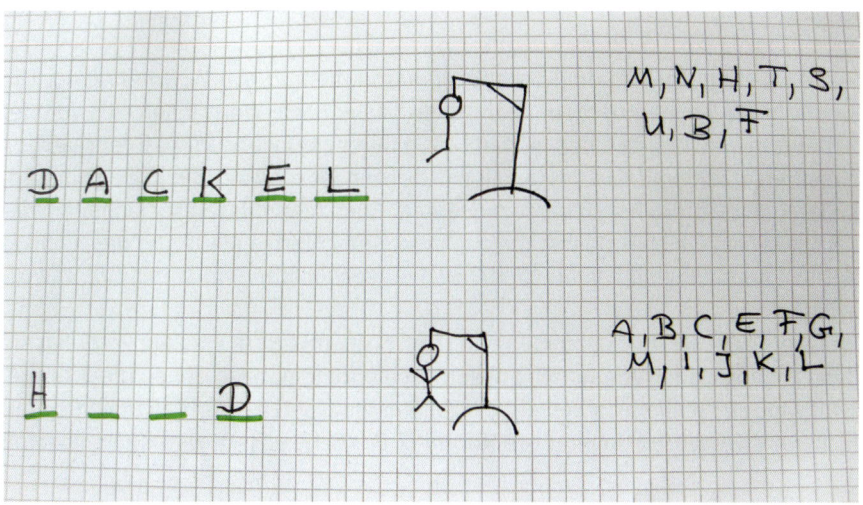

Wörterkette

Material:	keines
Zeitaufwand:	10 Minuten
Alter:	ab 6 Jahren
Teilnehmer:	mindestens 2 Spieler

Spieler 1 beginnt und nennt ein beliebiges Wort (z. B. Hase). Spieler 2 muss nun ein Wort finden, das mit dem Endbuchstaben beginnt (bezogen auf das Beispiel dann „Elefant" oder „Edelstahl", da der Endbuchstabe ein „E" war). Das Spiel hat kein vorgeschriebenes Ende, es kommt aber der Punkt, an dem die Kinder anfangen werden, bereits genannte Wörter zu wiederholen. Hören Sie dann auf!

Variante:
Haben Schulkinder im Unterricht die Entstehung zusammengesetzter Namenwörter gelernt, können Sie diese Variante spielen: Dabei nennt Spieler 1 ein zusammengesetztes Namenwort, also z. B. Schneckenhaus. Spieler 2 verwendet das zweite Wort, um ein neues daraus zu bilden (z. B. Haustür). Bei dieser Vari-

ante gibt es meist weniger Lösungswege, da sich nicht aus jedem Wort ein sinnvolles, zusammengesetztes Namenwort bilden lässt. Erlauben Sie den Kindern dann ein wenig Kreativität: solange ein Spieler erklären kann, was sein Begriff sein soll, zählt dieser.

⬤ Diese Spiele eignen sich gut als Zeitvertreib für Wartezeiten oder auf Reisen, da man kein Material benötigt.

⬤ Diese Spiele trainieren die Konzentration und die *auditive Wahrnehmung*. Die Kinder hören konzentriert zu, analysieren das gehörte Wort, lösen sich von der Bedeutung und nehmen den letzten Laut differenziert wahr. Diese intensive Auseinandersetzung mit den Lauten, aus denen ein Wort besteht, hilft den Kindern, in der Rechtschreibung sicherer zu werden. Auch hier müssen sie ja immer wieder abwägen, welcher Buchstabe am Ende eines Wortes steht. Um das nächste Wort zu nennen, gleichen die Kinder den nun gesuchten Anlaut mit ihrem Wortschatz ab.

Wenn die Schüler mit zusammengesetzten Namenwörtern spielen, vertiefen sie den Umgang damit und lernen spielerisch die Regeln, nach denen diese aufgebaut werden. Schließlich besteht ein zusammengesetztes Wort nicht immer einfach aus zwei Worten in ihrer Grundform (z. B. Küche + Tisch wird Küchentisch).

Lernwörter in Bewegung gebracht

Material:	„Wörterkiste" bzw. Lernwörter der Schulkinder, ggf. Grundschulwörterbuch
Zeitaufwand:	10 Minuten
Alter:	ab 6 Jahren
Teilnehmer:	ab 1 Kind

Lernwörter üben wird interessanter, wenn es mit Bewegung verbunden wird: lesen Sie dem Kind Wörter aus der aktuellen „Wörterkiste" vor (in Bayern sind das die Wörter, die als Lernwörter intensiv geübt werden). Bei den Wörtern, die groß geschrieben werden, soll sich auch das Kind groß machen. Es kann z. B. die Hände über den Kopf recken. Bei kleingeschriebenen Wörtern macht sich auch das Kind klein und geht in die Hocke.

Auf gleiche Art und Weise können Sie die Wortarten vertiefen. Die sog. „Tunwörter" werden mit einer Bewegung verbunden, z. B. einmal um den Stuhl gehen. Bei den Namenwörtern darf das Kind auf den Stuhl steigen, da diese Wörter groß geschrieben werden. In die Hocke geht das Kind bei den sog. „Wie-wörtern".

⬤ Dieses Spiel dient dazu, die Kognition im Sinne der Rechtschreibregeln und Kenntnis der Wortarten zu verbessern. Für einige Kinder ist die Groß- und Kleinschreibung schwer zu verstehen. Wenn es ihnen ermöglicht wird, das Erarbeiten der Lernwörter mit Bewegung zu kombinieren, erzielen sie oft bessere Lernerfolge. Es ist außerdem wichtig, beim Lernen immer wieder Abwechslung zu bieten. Natürlich ist es wichtig, die Lernwörter regelmäßig schriftlich zu üben – aber umso mehr Motivation und Spaß die Kinder der Übungssequenz entgegen bringen, umso mehr Lernerfolg werden sie auch erzielen.

Lernwörter Spaziergang

Material:	Papier, Stifte, Schere, Klebeband
Zeitaufwand:	15 Minuten Vorbereitung, jeweils ca. 10 Minuten spielen
Alter:	ab 7 Jahren
Teilnehmer:	ab 1 Kind, aber auch als Gruppenspiel

Schreiben Sie 10 bis 15 Lernwörter auf je ein Blatt Papier. Nun schreiben Sie sich einen Satz auf, der aus den Lernwörtern und möglichst wenigen Füllwörtern (im, am, der, die etc.) besteht. Diese Worttafeln werden nun mit Klebeband an verschiedene Stellen im Zimmer geklebt. Lesen Sie den Kindern den Satz langsam und Wort für Wort vor. Die Kinder sollen sich schnell zum jeweils vorgelesenen Wort begeben. Wer zuletzt ankommt, scheidet aus.

Variation mit wenigen Kindern: beim Ankommen an der entsprechenden Worttafel muss das Kind das Wort buchstabieren, natürlich ohne auf die Tafel zu sehen.

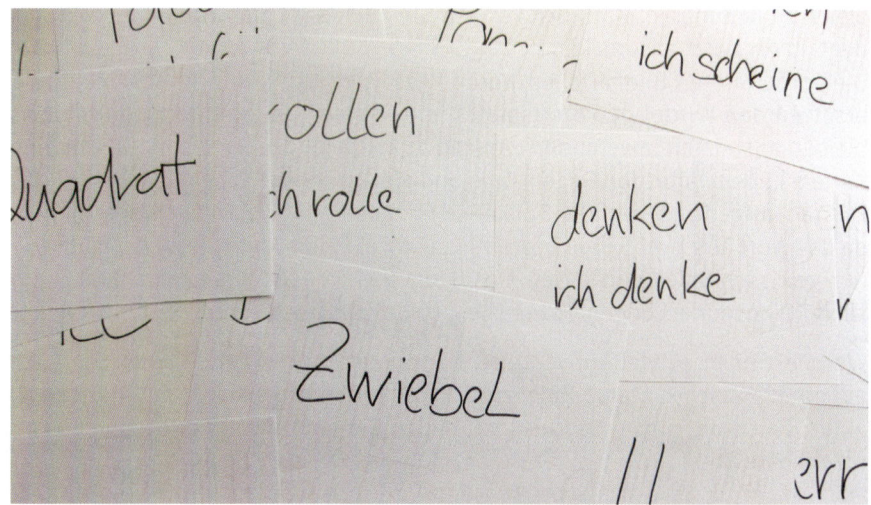

ℹ️ Dieses Spiel fördert die Konzentration und hilft den Kindern beim Verinnerlichen ihrer Lernwörter. In der Regel sind Kinder bei Bewegungsspielen motivierter als bei klassischen Lernsituationen am Tisch. Bei diesem Spiel wird von den Kindern viel Konzentration verlangt, da sie aus einem gesprochenen Satz alle einzelnen Wörter differenzieren und diese dann auch noch im Raum finden sollen. Dabei kommt es darauf an, schnell alle Wörter zu lesen, um zügig das gesuchte Wort zu finden. Spielerisch befassen sich die Kids also mit der Schreibweise der Lernwörter.

Brettspiele mit Silben statt Würfel

Material:	ein handelsübliches Brettspiel das mit einem Würfel gespielt wird (z. B. „Mensch ärgere dich nicht", „Leiterspiele" oder „Fang den Hut"), Zeitschriften, Werbeprospekte oder Clip Art Bilder, evtl. Laminier-Gerät
Zeitaufwand:	ca. 15 – 30 Minuten
Alter:	ab 6 Jahren
Teilnehmer:	ab 2 Spielern

Dieses Spiel benötigt etwas Vorbereitung, kann dann aber immer wieder gespielt werden. Zunächst müssen Sie aus Zeitschriften, Zeitungen oder Werbeprospekten Bilder von eindeutig zu erkennenden Gegenständen ausschneiden. Also z. B. ein Fahrrad, Äpfel, Käse, einen Tisch, ein Schlafzimmer, einen Autoreifen … Wenn Sie das Spiel häufiger spielen wollen, ist es ratsam, die Bildkärtchen gleich zu laminieren. Natürlich können Sie auch am Computer Bilder z. B. aus der Clip Art Datei ausdrucken.

Die vorbereiteten Bildkärtchen werden gemischt und verdeckt ausgelegt. Sie ersetzen den Würfel des Brettspieles, die Regeln des jeweiligen Brettspieles bleiben ansonsten unverändert. Anstatt zu würfeln, decken die Mitspieler eine Karte auf, benennen den Gegenstand und die Anzahl der Silben. Wurde also das Fahrrad aufgedeckt, darf der Spieler seine Spielfigur zwei Felder weiter ziehen, da das Wort aus zwei Silben besteht. In einigen Fällen kann die Bezeichnung einen gewissen Spielraum lassen. Das Bild eines Dinosauriers kann z. B. als fünfsilbig (Dinosaurier) oder als zwei-silbig (Dino) ausgelegt werden.

➲ Wenn es Ihnen zu viel Aufwand ist, Bilder auszuschneiden, können Sie auch auf ein klassisches Memo Spiel zurückgreifen. Sofern es nicht mit Motiven zu aktuellen Comic Filmen bedruckt ist, finden Sie dort abwechslungsreiche, klar erkennbare Bilder.

ⓘ Diese Art klassische Würfel-Brettspiele zu spielen, fördert die *phonologische Bewusstheit* der Kinder und kann sich auf die Leistungen im Fach Deutsch positiv auswirken. Vielen Kindern fällt es zunächst schwer, Wörter in Silben zu zerlegen. Sie sprechen die Wörter halb lautierend, halb alphabetisierend nach (z. B. D – in- o). Sprechen Sie in diesem Fall das Wort deutlich vor und das Kind soll es nachsprechen. Um zu identifizieren, aus wie vielen Silben das Wort besteht, kann das in der Schule erlernte Silben-Klatschen helfen. Oder Sie leiten das Kind dazu an, mit der Spielfigur für jede Silbe ein Spielfeld vorzuziehen. Die Fähigkeit, ein Wort in Silben zerlegen zu können, erleichtert es den Kindern, das Wort zu erfassen. Die spielerische Beschäftigung mit Bildkärtchen verbessert zudem den Wortschatz.

Wörter aus Autokennzeichen

Material:	keines
Zeitaufwand:	von 5 bis 20 Minuten
Alter:	ab 6 Jahren (sobald Kinder lesen können)
Teilnehmer:	ab 1 Person

Wenn Sie mit dem Auto oder in der Stadt unterwegs sind, können Sie ganz leicht die Lesekompetenz eines Kindes trainieren. Schauen Sie sich zusammen die Kennzeichen anderer Autos an: finden Sie Kennzeichen, bei denen die Kombination aus dem Code für den Zulassungsbezirk mit der anschließenden Buchstabenkombination ein sinnvolles Wort ergibt? Dies ist z. B. bei den Kennzeichen RO-SE oder ED-EL der Fall. Sie können das Kind auch auffordern, neue Wörter aus dem Beginn des Kennzeichens zu bilden. Wer findet beim Münchener Kennzeichen die meisten Worte mit dem Anlaut M? Sie können auch die Synthese, also das Zusammenziehen von Einzellauten zu einem Wort, auf diese Art üben. Vor Ihnen fährt zum Beispiel ein Nürnberger Auto, dessen Kennzeichen mit N beginnt. An diesen Buchstaben soll das Kind nun einen von Ihnen benannten Vokal anhängen. Sagen Sie also „o", spricht das Kind „No" aus. Schwieriger wird es, wenn Sie bereits die Konsonant-Vokal-Verbindung aussprechen und das Kind das Auto suchen soll, aus dessen Nummernschild Sie die Silbe gebastelt haben (Beispiel: Sie sagen „Ki", das Kind findet ein Kölner Auto und erkennt, dass das „K" im Kennzeichen die Grundlage für Ihre Silbe war.)

ⓘ Die spielerische Beschäftigung mit Autokennzeichen fördert die Grundlagen für sicheres Lesen und Schreiben in der Grundschule. Die Kinder trainieren die Lauterkennung, die *Lautsynthese* und die *Lautanalyse*. Gerade, wenn sich Kinder in diesem Bereich schwer tun, ist es wichtig, dass sie das Üben nicht nur als Pflicht und Anstrengung erleben, sondern auch erfahren, dass es in kurzen Intervallen und einer stressfreien Umgebung erfolgen kann.

Schukifatz

Material:	Papier oder Pappe oder Karteikarten, Stifte, evtl. Klebeband
Zeitaufwand:	ca. 15 Min
Alter:	ab 6 Jahren
Teilnehmer:	ab 1 Kind

Bereiten Sie ca. 10 Karteikarten vor, auf die Sie Quatschwörter schreiben. Das sind Wörter, die es im normalen Sprachgebrauch nicht gibt. Die Wörter sollten aus mindestens drei Silben bestehen (z. B. ne-pi-do). Je nach Alter und Fähigkeit des Kindes können Sie die Anzahl der Silben erhöhen, das Maximum liegt bei sieben Silben. Fertigen Sie zusätzlich zu den Karteikarten eine Liste mit den Quatschwörtern für sich an. Die Karteikarten werden auf dem Tisch ausgelegt. Das Kind schließt die Augen und Sie lesen eines der Quatschwörter vor. Das Kind wiederholt das Wort und soll anschließend die betreffende Karteikarte finden.

Fällt es dem Kind schwer, das Quatschwort richtig nachzusprechen, sollten Sie es entweder kürzen, indem Sie die letzte Silbe weglassen oder ihm das *Mundbild* als Hilfe anbieten.

Das Spiel kann in gleicher Art und Weise auch mit Zahlenkombinationen gespielt werden. Schreiben Sie dazu drei bis siebenstellige Zahlen auf Karteikarten und lesen Sie die Zahlen einzeln vor (6 – 8 – 2 – 4 statt sechstausendachthundertvierundzwanzig). Diese Spielvariante hat den Vorteil, dass sie bereits Vorschulkinder spielen können, die zwar die Zahlen sicher erkennen, aber noch nicht lesen können!

Liste mit Quatschwörtern

Novimado	topali
Schukifatz	xenepetete
Bukerbalos	kufimor
Spalimaki	balema
Mufimalimurmof	opokalatz
Häsimusikum	sesosupi

Schwerer, aber zugleich interessanter, wird das Spiel, wenn Sie die Karteikarten im Raum verteilen. Sie lesen wieder ein Wort vor und das Kind macht sich nun im Raum auf die Suche nach der richtigen Karte. Dabei muss es sich das Quatschwort natürlich unter Umständen viel länger merken, als wenn es nur die Tischplatte absuchen muss.

ⓘ Dieses Spiel trainiert die *auditive Merkfähigkeit,* eine grundlegende Voraussetzung zum Erfolg beim Lesen und Schreiben sowie bei vielen alltäglichen Situationen. Um einen Arbeitsauftrag richtig ausführen zu können, muss das Kind die enthaltenden Informationen zunächst verstehen und dann speichern. Ebenso hängt erfolgreiches Lernen davon ab, dass das Kind sich an das im Unterrichtsgespräch Behandelte erinnert. Ganz deutlich wird die Bedeutung der auditiven Merkfähigkeit im Diktat, wenn Kinder den Satzanfang vergessen haben und immer wieder auf Wiederholungen angewiesen sind. Wichtig ist, dass unter Ausschluss visueller Kontrolle geübt wird, da dem Kind im Unterricht das Mundbild des Lehrers nicht ständig als Hilfe dienen kann.

Das ABC suchen

Material:	eventuell eine einfache Digitalkamera, Papier und Stift
Zeitaufwand:	mindestens 30 Minuten, aber auch länger
Alter:	ab 6 Jahren
Teilnehmer:	1 bis 2 Kinder

Dieses Spiel eignet sich gut als kleiner Zeitvertreib auf Reisen oder auch als Abwechslung an einem Regentag zu Hause. Zusammen mit dem Kind (oder den Kindern) werden Gegenstände, Pflanzen, Tiere oder auch Personen in der Nähe gesucht, die mit den Anfangsbuchstaben des ABCs beginnen. Die Reihenfolge des Alphabets wird dabei eingehalten. Also zunächst ein Wort, das mit A beginnt, dann eines mit B, dann C, und so weiter.

Variante mit Digitalkamera: Die Kinder suchen Motive zum Fotografieren nach dem Alphabet. Entweder der Reihe nach, oder man bereitet eine kleine Liste vor, auf der die Kinder die bereits gefundenen Anfangsbuchstaben abhaken können. Für schwierige Buchstaben wie q, x und y sollten Ausnahmeregelungen getroffen werden.

ⓘ Das ABC-Suche-Spiel trainiert die Konzentration und die *auditive Wahrnehmung* der Kinder. Anlaute, also den jeweils ersten Buchstaben eines Wortes zu erkennen, ist eine wichtige Grundlage für sicheres Lesen und Rechtschreiben. Wenn Kinder im Raum gezielt nach einem Gegenstand suchen, der einen bestimmten

Anlaut hat, müssen sie dazu mit vielen anderen Gegenständen abgleichen, sie verwerfen und dennoch auf ihre Suche konzentriert bleiben. Kindern, die bereits Lesekompetenzen erworben haben, fällt das Spiel zunehmend leichter, da sie nicht nur einen größeren Wortschatz haben, sondern auch auf die lexikalische Ebene zurückgreifen können. Sie stellen sich vor, wie die einzelnen Dinge im Raum geschrieben werden und erarbeiten sich so die Information über den ersten Buchstaben.

Der zusammengesetzte Zoo

Material:	keines
Zeitaufwand:	ab 5 Minuten
Alter:	ab 6 Jahren
Teilnehmer:	mindestens 2 Mitspieler

Bei diesem Spiel einigen sich die Mitspieler zunächst auf ein Tier, z. B. den Hund. Dann werden reihum möglichst viele zusammengesetzte Worte gebildet, die das Wort Hund beinhalten, z. B. Hundehütte, Hundefutter, Hundeleine, Schäferhund, und andere. Fällt niemand mehr ein sinnvolles Wort ein, können auch unsinnige Worte gebildet werden, z. B. Sommerhund, Hundeeimer, usw. Schließlich kommt das nächste Tier an die Reihe.

ⓘ Bei diesem Spiel steht der spielerische Umgang mit Sprache im Vordergrund. Die Kinder experimentieren mit Wörtern, erweitern und vertiefen dabei ihren Wortschatz und machen die Erfahrung, dass es Spaß macht, sich auf vielfältige Weise auszudrücken.

Hallo Echo

Material:	keines, evtl. Papier und Stift
Zeitaufwand:	5 bis 10 Minuten
Alter:	ab 6 Jahren
Teilnehmer:	1 Kind und ein Spielleiter

Für dieses Spiel benötigt man einen Spielleiter. Dieser nennt zwei Wörter, z. B. Haus – Laus oder Baum – Baum. Die Wörter werden ohne „und" hintereinander gesprochen. Hat der Spielleiter das Wort zweimal genannt (Baum – Baum) ruft das Kind „Hallo Echo", waren es zwei unterschiedliche Wörter, bleibt es still und wartet auf das nächste Wortpaar.
Der Spielleiter kann natürlich frei darüber entscheiden, wie schwierig die Wortpaare sind. Je ähnlicher die Worte klingen oder je weniger Buchstaben sich unterscheiden, desto schwieriger ist es, dies zu erkennen (z. B. Beeren – Bären oder Berg – Burg im Gegensatz zu Berg – Baum).

Wenn Sie sich schwer tun, ähnlich klingende Wortpaare spontan zu finden, können Sie das Spiel vorbereiten und sich eine kleine Liste schreiben. Bewahren Sie diese z. B. in Ihrer Handtasche auf, kann das Spiel auch spontane Wartezeiten verkürzen.

Dieses Spiel schult die *auditive Wahrnehmung*. Die Kinder lernen, genau hinzuhören, Laute differenziert wahrzunehmen und abzugleichen. Dazu ist eine gute auditive Aufmerksamkeit notwendig. Die Fähigkeit Laute zu differenzieren, ist wichtig für die Rechtschreibung (denken Sie an das Beispiel Beeren – Bären!).

Liste ähnlich klingender Worte

Feld – Geld	Klasse – Masse
Fenster – Gespenster	Mann – kann
fliegen – schieben	Kopf – Topf
geben – leben	Berg – Burg
gehen – stehen	lieben – liegen
Hand – Wand	scheinen – weinen
Nase – Hase	Tasche – Tasse
Haus – Maus	tragen – fragen
Hund – Mund	wir – vier
kaufen – laufen	zehn – sehen
reisen – reißen	

Buchstabieren – vorwärts und rückwärts

Material:	keines, eventuell Papier und Bleistift
Zeitaufwand:	ca. 10–15 Minuten
Alter:	ab 6 Jahren, möglichst viele Buchstaben sollten bekannt sein
Teilnehmer:	mindestens 2 Mitspieler

Bei dieser kleinen Übung werden Worte vorwärts und rückwärts buchstabiert. Dabei sollten Sie darauf achten, die Buchstaben lautgetreu zu sprechen („b") und nicht mit ihren Namen („be"). Für den Anfang sind gut bekannte Worte geeignet, wie Mama, Papa, Oma etc.
Zunächst wird spielerisch vorwärts buchstabiert. Damit das Spiel nicht langweilig wird, buchstabiert man dann von hinten nach vorne – aus „Mama" wird „amam". Sollte das Kind Schwierigkeiten haben, sich das Wort rückwärts vorzustellen, schreiben Sie es auf und deuten Sie beim Buchstabieren auf die Buchstaben.

Mit geübten Kindern kann man um die Wette buchstabieren, für jedes richtige Wort gibt es einen Punkt. Wie klingt der eigene Name rückwärts buchstabiert und dann auch rückwärts gesprochen? Übt man einige Wörter, klingt das fast wie eine Geheimsprache.

⊙ Schulkinder können damit ihre Lernwörter vertiefen und die richtige Rechtschreibung trainieren.

ⓘ Beim Buchstabieren fördern Sie die *Kognition* des Kindes. Es übt auf zunächst spielerischer Art und Weise den Umgang mit Buchstaben, deren Laut und Position im Wort. Zudem lernen Kinder dadurch, dass einzelne Buchstaben zu einem Klangbild zusammengefasst (Synthese) und wieder isoliert werden können. Mit dieser Übung lernen Kinder zudem beim Rechtschreiben auf den sog. „visuellen Speicher" zurückzugreifen, sich also das Wort in geschriebener Form vorzustellen und die einzelnen Buchstaben dann „abzulesen". Rechtschreibfehler werden schneller erkannt, weil das geschriebene Wort dann nicht mit dem Abbild im visuellen Speicher übereinstimmt.

Stadt, Land, Fluss

Material:	Papier und Stifte
Zeitaufwand:	20 Minuten
Alter:	ab 8 Jahren
Teilnehmer:	ab 2 Personen

Für diesen Spieleklassiker vereinbaren Sie mit den Kindern zunächst fünf Kategorien. Diese können sich am Unterrichtsstoff orientieren, an speziellen Interessengebieten der Mitspieler oder Sie greifen auf die Klassiker „Stadt", „Land", „Fluss", „Tier", „Name" und „Pflanze" zurück. Diese Oberbegriffe schreiben die Kinder auf ein quer gelegtes DIN A4 Blatt – es entsteht eine Tabelle. Ein Erwachsener geht in Gedanken das Alphabet durch und ein Kind sagt „Stopp!".

Der Buchstabe, den der Erwachsene nun nennt, ist der Anfangsbuchstabe für die Begriffe, die die Kinder entsprechend der Kategorien finden sollen. Wird also ein I genannt, passen zu den klassischen Kategorien: Ingolstadt, Indien, Isar, Igel, Isabella und Industriekaufmann. Die Kinder schreiben ihre Begriffe so schnell wie möglich in die entsprechenden Spalten.

Hat ein Kind alle Spalten gefüllt (oder ist es sich sicher, dass ihm nichts besseres mehr einfällt) sagt es „Stopp!" und alle Mitspieler dürfen nicht mehr weiter schreiben. Nun werden die Begriffe vorgelesen und bewertet. Für jeden richtigen Begriff gibt es einen Punkt. Zusätzlich kann Originalität belohnt werden: hat ein Spieler ein Wort gefunden, dass niemand sonst notiert hat, bekommt er zwei Punkte. Es gewinnt der Spieler, der am Ende die meisten Punkte gesammelt hat.

ⓘ Dieses Spiel zählt nicht umsonst zu den Klassikern. Es ist schnell und unkompliziert zu spielen und fördert dennoch die Konzentration und das Allgemeinwissen. Da die Kinder unter Zeitdruck arbeiten, dürfen sie sich nicht von ablenkenden Einflüssen stören lassen. Sie müssen fokussiert bleiben auf ein Themengebiet und zugleich auf einen bestimmten Anlaut. Spielerisch greifen sie dabei auf ihr Allgemeinwissen zurück, erweitern und vertiefen es.

	Stadt	Land	Gewässer (Fluß)	Name	Obst / Gemüse	
B	Berlin	Belgien	Bodensee	Bernd	Banane	50
F	Frankfurt	Frankreich	/	Frank	/	30
N	Nürnberg	Norwegen	Nil	Natalie*	Nuss*	70

Lernwörter Bingo

Material:	Papier und Bleistift
Zeitaufwand:	10 bis 15 Minuten
Alter:	ab 7 Jahren
Teilnehmer:	ab 1 Spieler, aber auch ein Gruppenspiel

Jedes Kind wählt aus den Lernwörtern 5 Worte aus und schreibt sie in Großbuchstaben auf ein Blatt Papier. Dabei sollte die richtige Schreibweise der Wörter entweder durch die Spieler selbst, oder durch den Spielleiter kontrolliert werden. Nun nennt der Spielleiter einzelne Buchstaben. Die Kinder kontrollieren ihre Worte und streichen den Buchstaben durch. Dann nennt der Spielleiter den nächsten Buchstaben. Das Kind, das als erstes alle Buchstaben eines Wortes durchstreichen konnte, hat das Spiel gewonnen.

ⓘ Dieses Spiel trainiert die Konzentration und die *Kognition*. Die Kinder müssen konzentriert auf den genannten Buchstaben achten und alle Worte auf diesen untersuchen. Wird ein Buchstabe in einem Wort übersehen, mindert dies die Chance zu gewinnen. Die Kinder beschäftigen sich bei diesem Spiel mit ihren Lernwörtern. Dies hilft ihnen eine genauere Vorstellung von der Schreibweise zu bekommen und ihre Rechtschreibleistungen zu verbessern.

Lernwörter Knobelei

Material:	Papier und Stift, Liste der Lernwörter, oder PC und Drucker
Zeitaufwand:	10 Minuten Vorbereitung
Alter:	ab 7 Jahren
Teilnehmer:	ab 1 Person, aber auch als stille Aufgabe für mehrere Kinder gleichzeitig

Teilen Sie die Wörter in Silben und schreiben Sie die Silben dann in die einzelnen Felder einer Tabelle. Am schnellsten geht das mit einem Tabellenkalkulationsprogramm. Die fertige Tabelle ausdrucken und eventuell vervielfältigen. Jedes Kind bekommt eine Tabelle und darf nun die Wörter wieder zusammenknobeln. Dazu werden die zusammengehörenden Silbenfelder mit Buntstift in je einer Farbe markiert und das Wort wird dann unten auf dem Blatt notiert. Wer findet die Wörter am schnellsten und vor allem ohne Fehler?

○ Wenn Kinder die Lernwörter Knobelei zum ersten Mal spielen, empfiehlt es sich, die Liste mit den Lernwörtern in der Nähe zu haben. So können die gefundenen Wörter mit der Liste abgeglichen und dort ausgestrichen werden.

Don	ser	Mai	Ge	rol	neh	len
Ted	sen	Bie	hel	hen	Tee	den
acht	mes	ners	sund	ne	heit	wann
sechs	mel	Ball	tag	se	gen	weit
fen	dy	tag	woch	men	hell	Diens
Was	bit	Herr	len	rei	ken	wor
Pom	Ohr	Him	Mitt	ten	dann	Qua
Zwie	lie	Satz	fal	ben	fan	bel
vier	ten	schei		drat	ant	nen

ⓘ Die Lernwörter Knobelei ist ein Konzentrationsspiel, das den Kindern dabei hilft, die Lernwörter zu verinnerlichen. Sie befassen sich mit der silbensegmentierten Schreibweise der Wörter und üben, Silben zu einem sinnvollen Wort zusammenzufügen. Dabei müssen sie konzentriert auf die genaue Schreibweise der Silben achten, sich vorstellen wie das entstandene Wort lautet und ob es richtig geschrieben ist. Da jede Silbe zu verwenden ist, haben die Kinder eine Möglichkeit, sich selbst zu kontrollieren, indem sie am Ende überprüfen, ob alle Silben eingesetzt wurden.

Verflixter Text

Material:	ein Text oder eine kurze Geschichte, ein Textverarbeitungsprogramm, PC, Drucker, Papier
Zeitaufwand:	ca. 10 Minuten Vorbereitung
Alter:	ab 9 Jahren
Teilnehmer:	Für je ein Kind, als Gruppenarbeit möglich

Suchen Sie eine kurze Geschichte aus oder denken Sie sich selbst einen Text aus. Am einfachsten ist es, wenn er mit dem PC bearbeitet werden kann. Im Textverarbeitungsprogramm gibt es eine Funktion „Ersetzen", mit der Wörter, aber auch einzelne Buchstaben gefunden und durch ein anderes Wort oder einen anderen Buchstaben ersetzt werden können. Es empfiehlt sich, einen häufigen Buchstaben durch einen seltenen ersetzen zu lassen. Probieren Sie selbst, wie sehr die Lesbarkeit leidet, wenn Sie „E" durch „N" ersetzen!

Den fertigen Text sollten die Kinder zuerst für sich lesen und herausfinden, welche Buchstaben vertauscht wurden. Dann darf ein Kind versuchen, den Text mit den richtigen Buchstaben laut vorzulesen.

Dgngstag

Als Kglgan egnes Morgens aufwachte, war das Dgngs plötzlgch da. Egn klegnes dgckes Männchen mgt strohgelben Strubbelhaaren, dge vom Kopf gn alle Rgchtungen abstanden. Dge Nase leuchtete knallrot und sah aus, als hätte sge mal egnem Clown gehört. Angezogen war es mgt egnem grün-rot gestregften Schlafanzug, der wegch und kuschelgg aussah. Es saß am Fußende von Kglgans Bett und grgnste ghn frech von egnem Ohr zum anderen an. „Na, auch schon wach? Du Schnarchmütze!" Kglgan rgeb sgch verdutzt dge Augen. Dann blgnzelte er heftgg, aber das Dgngs gn segnem Bett war gmmer noch da. „Komm, wgr spgelen was!" kregschte das Dgngs und sprang mgt egnem Rgesensatz vom Hochbett. Kglgan beugte sgch nach unten und staunte: das Dgngs schwebte ganz beguem ungefähr 10 Zentgmeter über dem Boden und schaute ghn aufmunternd an. „Was gst Dgr lgeber? Autos oder Rgtter?"

Achtung: Leseanfänger tasten mit den Augen zunächst jeden einzelnen Buchstaben eines Wortes ab und fügen diese dann zusammen. In dieser Phase kann es immer noch vorkommen, dass die *Graphem-Phonem-Zuordnung* nicht automatisch richtig ist. Leseschwache Kinder und Leseanfänger könnten durch dieses Spiel irritiert werden. Für erfahrene Leser hingegen ist es eine spannende Übung!

Diese Beschäftigung hat einen positiven Einfluss auf die Konzentration und die Leseleistungen der Kinder. Geübte Leser tasten nicht mehr jeden einzelnen Buchstaben mit den Augen ab, sondern beziehen auch den Umriss, quasi das äußere Erscheinungsbild eines Wortes in ihre Hypothesenbildung mit ein. Daher wird es geübten Lesern deutlich schneller gelingen, den Text zu entziffern, als Leseanfängern. Den Sinn zu verstehen, ist mit einem verflixten Text aber deutlich schwieriger als bei einem normalen. Und wenn Sie sich selbst testen, werden Sie feststellen, dass das Lesen plötzlich viel mehr Konzentration verlangt!

3. Mathematik

Wie lernen Kinder rechnen?

Wenn Kinder in die Schule kommen, wird das Vorhandensein bestimmter Fähigkeiten erwartet, ohne dass diese bereits vollständig ausgeprägt sein müssen. Es handelt sich dabei um Fertigkeiten, die das mathematische Denken und später den Erfolg im Erlernen der Rechenoptionen begünstigen. Bei den sog. *„Vorläuferfähigkeiten"* handelt es sich um das Ordnen und Kategorisieren nach Merkmalen, das Schätzen von Mengen und Größen, das räumliche Vorstellungsvermögen und den Umgang mit Zahlen. Aber auch die Fähigkeit, Handlungen zu planen sowie Konzentration und Merkfähigkeit, zählen zu den Basisvoraussetzungen.

Bereits Vorschulkinder sieht man oft spielerisch kategorisieren: sie ordnen Bausteine nach Größe, Material oder Farbe in verschiedene Gruppen. Um dies leisten zu können, müssen sie Ähnlichkeiten und Unterschiede der Bausteine erkennen. Die Fähigkeit Sortieren und Kategorisieren zu können, erleichtert es den Kindern, mathematische Konzepte zu verstehen. Sie bildet die Grundlage für die Addition im Matheunterricht (addiert werden kann nur, was eine Gemeinsamkeit hat).

Im Kindergartenalter gehen Kinder zwar bereits mit Mengen um, wissen aber noch nicht, dass sich eine Menge durch ihre räumliche Anordnung nicht ändert. Sieht ein Kindergartenkind acht Gummibärchen in einer Reihe, erscheint ihm das vielleicht viel. Die gleiche Anzahl Gummibärchen in ein kleines Papiertütchen gegeben, hinterlässt bei dem Kind den Eindruck von deutlich weniger Süßigkeiten. Die Einsicht in die sog. „Invarianz" (Erkennen, dass das räumliche Verändern von Elementen keinen Einfluss auf die Anzahl der Elemente hat) ist wichtig, um Mengen umstrukturieren zu können.

Im räumlichen Vorstellungsvermögen haben auch manche Erwachsene ihre Probleme. Von Kindern wird mit Ende der Vorschulzeit verlangt, mit den Präpositionen „vor", „hinter", „oben", „unten" oder „zwischen" umgehen zu können. Ebenso sollten sie in der Lage sein, geometrische Figuren (Viereck, Kreis) und Körper (Würfel, Kugel) zu unterscheiden. Kindern mit einem guten räumlichen Vorstellungsvermögen fällt es leichter, Formen in Ebenen und im Raum zu erkennen sowie ihre Position zeichnerisch und in der Vorstellung zu verändern. Schwierigkeiten im räumlichen Vorstellungsvermögen können zu Problemen beim Lesen und Schreiben von Zahlen führen. Rechenzeichen oder die Rechenrichtung könnten verwechselt werden.

Sobald ein Kind die Vorschule besucht, wird vorausgesetzt, dass es bis zehn zählen kann. Es muss sich also die Zahlbegriffe von eins bis zehn in der korrekten Reihenfolge merken können. Zudem sollte es wissen, dass beim Zählen immer nur einem Gegenstand ein Zahlbegriff zugeordnet werden darf. Viele Kinder können in diesem Alter bereits Zahlbilder, also Zahlen in geschriebener Form, erkennen. Vorschulkinder sollten in der Lage sein, die Augen von zwei Würfeln zusammenzuzählen sowie den Vorgänger und Nachfolger einer Zahl benennen zu können.

Das logische Denken (der Begriff Logik kommt aus dem griechischen und bedeutet „folgerichtig gedacht") entwickelt sich bereits ab dem zweiten Lebensjahr. Zunächst lernt das Kind kausal-logische Zusammenhänge nachzuvollziehen (der Schwamm liegt im Wasser – der Schwamm ist nass), dann etwas durch Zeichen und Symbole auszudrücken (den Zeigefinger heben als Zeichen für „aufgepasst!"). Ab ca. acht Jahren sind Kinder in der Lage, komplexer und systematischer zu denken. Sie müssen nun nicht mehr sehen, dass ein im Wasser liegender Schwamm nass ist, sie können es sich vorstellen. Diese Vorstellung gelingt aber nur im konkret-bildhaften Zusammenhang. Im Alter von zehn bis zwölf Jahren gelingt den Kindern der Übergang vom konkreten zum abstrakten Denken. Beim Rechnen können sie jetzt mit Zahlen umgehen, die sie sich nicht eins-zu-eins bildhaft vorstellen können (im Zahlenraum bis eine Million), es kommen Variablen und Formeln zum Einsatz.

Weil Mama Angst vor Mathe hat ...
Mit welchen Gefühlen erinnern Sie sich an den Mathematik-Unterricht Ihrer Schulzeit? Vermeiden Sie es heute noch, das Wechselgeld beim Einkauf nachzurechnen, weil Sie noch nie gut waren im Kopfrechnen? Oder suchen Sie vielmehr nach den Rechenrätseln in Zeitschriften und setzen sich mit großem Interesse mit mathematischen Problemen auseinander? Die Gefühle der Eltern in Bezug auf Mathematik können die Entwicklung eines Kindes in diesem Bereich beeinflussen. Signalisieren Eltern (unbewusst), dass sie Rechnen für schwierig halten, kann unter Umständen auch das Kind eine Abneigung dagegen entwickeln und zu der Vorstellung gelangen, dass Rechnen grundsätzlich schwer ist. Eltern oder Bezugspersonen, denen der Mathematikunterricht keine Freude bereitet hat, neigen zudem dazu, von Kindern weniger zu verlangen, was dazu führt, dass die Leistungen sich nicht verbessern. Wichtig ist daher schon im Vorschulalter eine positive Einstellung zur Mathematik. Kinder, denen vermittelt wird, dass man ihnen etwas zutraut, sind selbstbewusst und selbstsicher. Sie vertrauen in ihren eigenen Fähigkeiten und geben bei einem Fehler nicht gleich auf. Es ist nicht schlimm, wenn die Antwort auf eine Kopfrechenaufgabe einmal falsch war. Schlimm wäre nur, wenn das Kind gar nicht mehr zu rechnen beginnt, weil es davon ausgeht, es nicht zu können!

Wenn sieben plus vier zehn ergibt
Wenn ein Kind in allen anderen Fächern gute bis mittlere Leistungen erzielt und isoliert in Mathematik auffällt, wobei vermehrtes Üben oder gar Nachhilfe keinen Erfolg zeigen, kann unter Umständen eine Rechenschwäche (Dyskalkulie) vorliegen. Unter Dyskalkulie versteht man ein mangelhaftes, unzureichendes oder gar grundlegend verkehrtes Verständnis von Mengen, Größen, Zahlen und

mathematischen Operationen. Das kann sich zum Beispiel in folgenden Symptomen zeigen:

- Ähnliche Zahlen werden nicht erkannt
- Schreiben der Ziffern in „gesprochener" Reihenfolge, Zahlendreher
- Addition und Subtraktion werden grundsätzlich zählend bewältigt
- Unangemessen langer Gebrauch der Finger
- Verständnislosigkeit bei Zehner-, Hunderter-, Tausenderübergängen
- Mangelnde und inhaltsleere Merkleistung beim Einmaleins

Hierbei handelt es sich nur um Beispiele! Nicht jedes Merkmal bedeutet, dass ein Kind an einer Rechenschwäche leidet. Lernen ist ein Prozess und jeder Grundschüler wird in diesem Prozess zeitweise schlechtere Leistungen zeigen. Sollten aber viele Indizien konsequent auftreten und sich tendenziell eher verschlechtern als verbessern, so sollte das Vorhandensein einer Rechenschwäche abgeklärt werden.

Zur Diagnostik einer Rechenschwäche gehört eine umfangreiche testpsychologische Untersuchung, die die Analyse der Rechenstrategien und Rechenfertigkeiten einschließt. Diese Untersuchung wird oft von Schulpsychologen durchgeführt. Sie können sich aber auch an spezielle Institute wenden, um eine Testung durchführen zu lassen. Entsprechende Informationen finden Sie im **Serviceteil**.

Leider ist es noch nicht in allen Bundesländern üblich, rechenschwachen Kindern einen Nachteilsausgleich zu gewähren. Es besteht jedoch die Möglichkeit, das Kind durch eine Dyskalkulie-Therapie zu unterstützen. Diese wird durch das Jugendamt gefördert oder muss privat finanziert werden. In dem Beratungsgespräch, das im Rahmen der Testung stattfindet, erfahren Eltern und Lehrkräfte, welche therapeutischen Maßnahmen erforderlich sind, wie diese durchgeführt werden können und was beim häuslichen Üben von nun an zu beachten ist.

Rechen-Memos

Material:	kleine Karteikarten, Stifte
Zeitaufwand:	einige Minuten Vorbereitung, zum Spielen ca. 15 Minuten
Alter:	ab 7 Jahren
Teilnehmer:	ab 2 Personen

Die einfachste Memo Spielart ist, auf einer Karteikarte eine Rechnung zu notieren, auf einer anderen das Ergebnis. Achten Sie dabei darauf, dass jedes Ergebnis nur einmal vorkommt. Die Rechenarten können Sie natürlich an den Leistungsstand des Kindes anpassen: von Addition ohne Zehnerübergang über Subtraktion mit Zehnerübergang bis hin zu Multiplikationsaufgaben ist alles möglich.

In der ersten Klasse wird der erste Zehnerübergang teilweise mit sogenannten „Riesen- und Zwergen Rechnungen" angebahnt. Dabei wird einer Aufgabe mit Einerzahlen eine Aufgabe mit Einer- und Zehnerzahlen zugeordnet. Die „Zwergen-Rechnung" könnte zum Beispiel 5 plus 2 sein, die „Riesen Rechnung" dazu ist 15 plus 2. Die Kinder suchen beim Memo das Pärchen aus „Riesen- und Zwergen Rechnung". Natürlich können Sie als zusätzliche Regel einführen, dass ein Pärchen erst dann als gefunden gilt, wenn das Kind auch beide Rechenaufgaben lösen konnte.

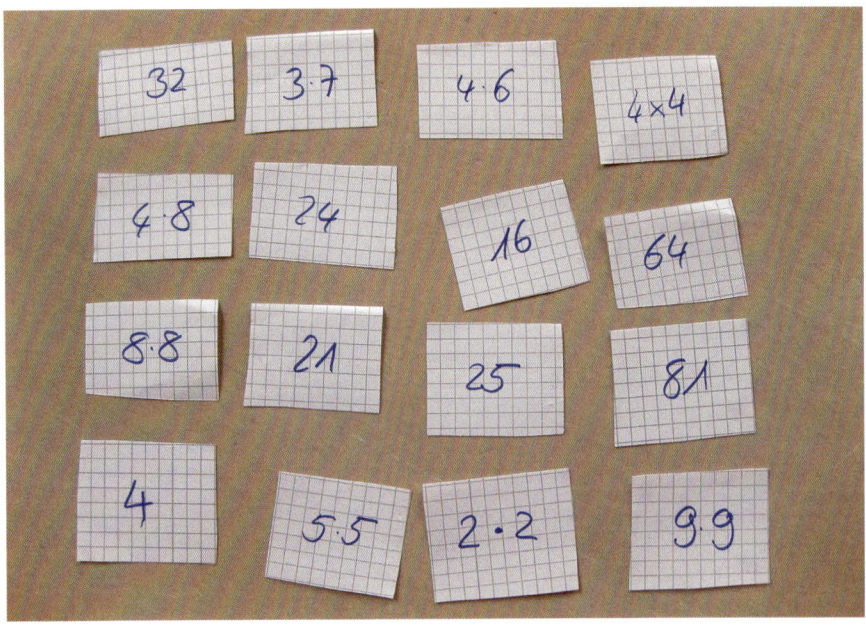

Lernen Kinder bereits, sich im Hunderterraum zu orientieren, so werden sie mit Einern und Zehnern vertraut gemacht. Dies können Sie im Memo-Spiel aufgreifen: auf eine Karteikarte schreiben Sie eine zweistellige Zahl. Auf der Partnerkarte malen Sie lange senkrechte Striche als Zehner und Punkte als Einer. Zur 58 passt dann also die Karte mit fünf Strichen und acht Punkten.

Für die höheren Klassen können Sie Multiplikationsaufgaben / Divisionsaufgaben mit Additionsaufgaben / Subtraktionsaufgaben kombinieren. Es wird dann bei unterschiedlichen Rechenarten nach dem gleichen Ergebnis gesucht (Beispiel: 6 x 7 und 99 – 57).

ℹ️ Wie jedes Memo-Spiel trainiert auch ein Rechen-Memo die Merkfähigkeit. Darüber hinaus werden aber die im Unterricht erlernten Rechenoptionen vertieft und geübt. Die Kinder kommen durch häufiges Wiederholen der erlernten Rechenvorgänge zu mehr Sicherheit im Kopfrechnen.

Von Geräuschen zu Zahlen

Material:	keines
Zeitaufwand:	5 bis 10 Minuten
Alter:	ab 7–8 Jahren (in der Schule sollten dreistellige Zahlen behandelt worden sein)
Teilnehmer:	mindestens ein Kind und ein Spielleiter

Für jede Position der dreistelligen Zahlen wird ein Geräusch vereinbart. Für die Hunderter wird zum Beispiel geklatscht, für die Zehner geschnipst und für die Einer mit beiden Handflächen übereinander gestrichen.

Der Spielleiter nennt nun mittels der Geräusche eine vorher ausgedachte Zahl. Bei der 492 müsste er also viermal klatschen (die Zahl hat 4 Hunderter), neunmal schnipsen (9 Zehner) und zweimal mit den Handflächen streichen. Die mitspielenden Kinder hören sich die Geräusche an, zählen die Anzahl der einzelnen Geräusche und dürfen dann die Zahl nennen.

➡️ Um den Ehrgeiz der Kinder zu wecken, können Sie vereinbaren, die Spielleiter-Rolle weiterzugeben. Das Kind, das als erstes die gesuchte Zahl genannt hat, darf sich dann die nächste Zahl überlegen.

ℹ️ Dieses Spiel eignet sich hervorragend, um den Umgang mit dreistelligen Zahlen zu üben. Die Kinder lernen so intensiv den Aufbau der großen Zahlen mit ihren verschiedenen Stellenwerten. Sie können aber auch üben, diese Zahlen richtig zu sprechen. Dies fällt vielen Kindern anfangs sehr schwer und kann zu nachhaltigen Problemen beim Rechnen oder in Leistungsnachweisen führen. Anders als beim Lesen von Buchstaben ändert sich ja die Leserichtung bei den Zahlen.

Domino Rechnen

Material:	Dominosteine
Zeitaufwand:	ab 15 Minuten
Alter:	ab 8 Jahren
Teilnehmer:	2 Mitspieler

5 Dominosteine werden verdeckt auf den Tisch gelegt. Ein Stein nach dem anderen wird umgedreht und die Punkte auf den Steinen werden addiert. Wer schließlich am schnellsten das Endergebnis errechnet hat, ist der Sieger dieser Runde.

ℹ Mit diesem Spiel trainieren die Kinder ihre Leistungen im Kopfrechnen. Durch den Wettkampfcharakter steigt die Motivation. Häufiges Kopfrechnen hilft den Kindern, ihr Tempo zu steigern, der spielerische Charakter nimmt den Leistungsdruck.

Erbsenzähler – Schätzaufgaben

Material:	leere, saubere Marmeladengläser, Knöpfe, Streichhölzer, getrockneter Mais, Erbsen, Bohnen,
Zeitaufwand:	ca. 20 Minuten zur Vorbereitung
Alter:	ab 7 Jahren
Teilnehmer:	mindestens ein Kind und ein Spielleiter, das Kind kann dann andere Personen schätzen lassen

Füllen Sie abgezählte Mengen von kleinen Gegenständen in die Marmeladengläser. Notieren Sie sich die Anzahl der Gegenstände und lassen Sie die Kinder schätzen, wie viele z. B. Maiskörner im Glas sind.

Die Menge sollte so groß sein, dass auch ein Erwachsener sie nicht zu schnell einschätzen kann. Als kleinste Menge empfehlen sich zum Beispiel 30 Bohnen oder 30 Streichhölzer. Füllt man dann von kleineren Gegenständen, wie Mais oder Erbsen ebenso viele in ein Glas, kann man mit den Kindern besprechen, dass der Füllgrad des Glases nichts über die Menge an Körnern aussagt.

Raten Sie doch einmal, wie viele Körner in den Gläsern auf dem Foto zu sehen sind! Die Auflösung finden Sie auf Seite 166.

🛈 Ziel dieses Spieles ist es, den Kindern eine Vorstellung von Mengen zu vermitteln. Um Rechenoptionen zu verstehen, müssen Kinder Mengen in ihrer Größe erfassen, vergleichen und sortieren können. Die Wahrnehmung qualitativer und quantitativer Merkmale (dazu gehört auch, was ist mehr oder weniger, höher oder tiefer, länger oder kürzer ...) zählt zu den Basisvoraussetzungen für das Lernen des Rechnens.

Gewichte schätzen

Material:	eine Küchenwaage, mehrere Eimer oder Schüsseln, Kartoffeln, Äpfel, Tennisbälle oder anderes
Zeitaufwand:	ca. 30 Minuten
Alter:	ab 7 Jahren
Teilnehmer:	mindestens ein Kind und ein Spielleiter

Zunächst erklärt man den Kindern kurz, wie eine Waage funktioniert und das ein Kilogramm aus 1000 Gramm besteht. Jedes Kind sollte dabei wenigstens einmal ein Gewicht von einem Kilogramm hochheben. Dann dürfen die Kinder eine vorbereitete Schüssel mit Inhalt hochheben und das Gewicht schätzen. Hat jeder einen Tipp abgegeben, wird gewogen.

Achten Sie dabei darauf, dass Sie die Schüssel nicht mitwiegen. Daher leert man die Schüssel erst aus, stellt das leere Gefäß auf die Waage, tariert die Waage und befüllt die Schüssel dann mit allen Äpfeln, die vorher schon darin waren. Diese Schritte kann auch ein Kind übernehmen. Weisen Sie die Kinder darauf hin, dass man bei den meisten Küchenwaagen eine Höchstgrenze des Gewichts nicht überschreiten darf, da die Waage sonst kaputt geht.

Sind die Äpfel gewogen, kann man die Schüssel entleeren und ein Kind bitten, zum Beispiel ein Kilo Kartoffeln in die Schüssel zu legen. Gewogen wird erst, wenn das Kind meint, es hat genau ein Kilo Kartoffeln genommen. Wollen auch weitere Mitspieler ihr Glück versuchen, sollte man die Wiegeergebnisse der Kinder notieren. Wer die geringste Abweichung erzielen konnte, hat gewonnen.

ℹ Gewichte schätzen ist für Kinder wichtig, wenn dieses Thema in der Schule unterrichtet wird. Sie bekommen auf diesem Weg ein tatsächliches Gefühl für die Gewichtseinheiten und lernen durch Erfahrung, was „viel" und was „wenig" wiegt. Schätzen ist zudem eine wichtige Lernerfahrung als Vorbereitung für komplexere Rechenvorgänge.

Längen schätzen

Material::	Bausteine, Dominosteine, Zollstock oder Maßband
Zeitaufwand:	ca. 10 Minuten
Alter:	ab 6 Jahren
Teilnehmer:	mindestens ein Kind und ein Spielleiter

Im Verlauf der ersten oder zweiten Klasse wird auch in der Schule über Messen und Längen gesprochen. Mit diesem Spiel können die Kinder Neues lernen und Gelerntes vertiefen.

Ein Spielleiter bereitet eine Reihe aus Domino- oder Bausteinen vor. Die Kinder dürfen schätzen, wie lang die Strecke ist. Mit Maßband oder Zollstock wird die genaue Länge der Dominokette ermittelt. Gewinner ist, wer am besten geschätzt hat. Nun bauen die Kinder selbst eine Straße aus den Domino- oder Bausteinen, die genau einen Meter sein soll. Wer kann das am besten?

Es bietet sich an vor oder während des Spiels mit den Kindern über Längen, Zentimeter und Meter zu sprechen. Dabei sollten die Kinder mit Zollstock oder Lineal Maße am eigenen Körper ermitteln, z. B. die Länge des Fußes, der Hand oder der Elle.

ℹ Längen schätzen hilft den Kindern, eine Vorstellung von Längenangaben und Maßeinheiten zu bekommen. Der Vergleich von Strecken ist für Kinder wichtig, um ein Mengenverständnis zu entwickeln. Wer Längenmaße so anschaulich begreift, lernt Längen und sogar Entfernungen real abzuschätzen. Für die spätere Selbstkontrolle bei Klassenarbeiten stellt dies eine enorme Hilfe dar.

Fühlzahlenkarten

Material:	fester Pappkarton, Klebstoff, verschiedene farbige Wollreste
Zeitaufwand:	einmal ca. 45 Minuten zum Basteln, danach zum Spielen jeweils ab 5 Minuten
Alter:	ab 5 Jahren
Teilnehmer:	ab einem Kind

Aus einem festen Karton schneidet am besten ein Erwachsener 10 gleich große Kärtchen aus. Mit einem Bleistift wird die gewünschte Zahl vorgeschrieben. Nun werden Wollreste zurechtgeschnitten, mit denen die Zahl beklebt werden soll. Je nach Stärke der Wollefäden sollten zwei bis drei Bahnen gelegt werden. Als nächstes wird die vorgeschriebene Zahl mit Klebstoff versehen und die Wollreste darauf festgeklebt.

Sobald der Klebstoff getrocknet ist, werden die Kärtchen gemischt und das Kind versucht, mit verbundenen (geschlossenen) Augen zu fühlen, welche Zahl auf dem Kärtchen abgebildet ist.

ⓘ Die Fühlzahlenkarten eignen sich hervorragend für alle Kinder, die sich die Schreibweise der Zahlen nicht merken können, Zahlen vertauschen oder durch

das gängige Lehrangebot in der Schule nicht zum gewünschten Lernerfolg kommen.

Schon die Herstellung der Karten bringt eine intensive Auseinandersetzung mit den Zahlen mit sich. Dabei machen die Kinder die Erfahrung, dass es Zahlen gibt, die in ihrem Aufbau ganz leicht sind (sie lassen sich aus einem Faden legen, z. B. 1, 2, 3 oder 0). Andere Zahlen haben „Kreuzungen" (z. B. 4 oder 7). Durch die Wollfäden werden diese kleinen Besonderheiten der Zahlen, die beim Schreiben berücksichtigt werden müssen, deutlich sicht- und fühlbar.

Werden die Karten nun im Spiel als eine Art „Memory-Karten" genutzt, verbinden die Kinder taktile Informationen mit gespeichertem Wissen über Zahlen und deren „Aussehen" in geschriebener Form. Einige Kinder benötigen diesen zusätzlichen taktilen Reiz, um den Lehrinhalt besser „begreifen" zu können. (Vergleiche kleiner Lerntypen Test, S. 17)

Reise Bingo Variation: „Die Zahlenschnüffler"

Material:	ein kleiner Notizblock und ein Stift
Zeitaufwand:	ein kleiner Spaziergang oder eine Autofahrt, ca. 30 Minuten
Alter:	ab 6 Jahren (die Kinder sollen die Zahlen schreiben können)
Teilnehmer:	ab einem Kind

Die Kinder schreiben während eines Spaziergangs durch die Stadt oder den Ort alle Zahlen, die sie sehen, auf einen Notizzettel. Am Ende der halben Stunde vergleichen alle ihre Zahlen und besprechen, wo sie überall Zahlen gesehen haben (also zum Beispiel Hausnummern, auf Autokennzeichen, im Supermarkt).

ⓘ Diese Bingo Variante fördert die *Kognition*. Es geht vor allem darum, im Erkennen von Zahlen sicherer zu werden und spielerisch mit Zahlen umzugehen.

Würfelspiele

50 Gewinnt

Material:	Würfel, evtl. Papier und Stift
Zeitaufwand:	ca. 15 Minuten
Alter:	ab 6 Jahren
Teilnehmer:	2 Mitspieler

Bei diesem Spiel werden die gewürfelten Zahlen addiert, bis ein Spieler 50 Punkte erreicht.

Der erste Spieler würfelt mit einem Würfel. Ist es eine Zahl von eins bis fünf, merkt er sich diese und darf nochmal würfeln. Addiert werden immer die Zahlen, die zwischen eins und sechs liegen. Würfelt ein Spieler aber eine sechs, verliert er alle Punkte dieses Spieldurchganges. Man kann jederzeit aufhören zu würfeln, dann werden die bisher erreichten Punkte auf ein Gesamtpunktekonto gutgeschrieben und der Gegner ist dran. Wer zuerst 50 Gesamtpunkte hat, ist der Sieger.

Hier ein Beispiel wie das Spiel laufen könnte:
Spieler 1 würfelt 1, 5, 6 (Gesamt: 0 da mit der 6 alle Punkte verloren werden)
Spieler 2 würfelt 4, 4 und entscheidet sich für Aufhören (Gesamt: 8)
Spieler 1 würfelt 2, 1 und entscheidet sich für Aufhören (Gesamt: 3)
Spieler 2 würfelt 3, 1, 6 (Gesamt: 8 da er sich im vorherigen Durchgang bei 8 Punkten für Aufhören entschieden hat)

➡ Natürlich kann die zu erreichende Gesamtpunktzahl an das Alter und die Rechenfähigkeiten des Kindes angepasst werden. Es empfiehlt sich außerdem, die Zwischenstände zu notieren.

ℹ Dieses Spiel trainiert die *Kognition*. Zunächst müssen die Regeln des Spiels verstanden werden. Die Kinder kommen nur zum Erfolg, wenn sie planen und die Konsequenzen ihres Handelns vorhersehen. Dabei dürfen sie sich nicht nur auf ihr eigenes Punktekonto konzentrieren, sondern müssen auch die Strategie des Gegenspielers im Auge behalten.

Selbstverständlich üben die Kinder bei diesem Spiel auch das Rechnen. Dies kann im besten Fall im Kopf erfolgen, es ist aber auch möglich, die Rechnungen schriftlich zu notieren.

Im emotionalen Bereich trainiert das Spiel die Frustrationstoleranz. Gerade, wenn sich das Kind bereits eine höhere Punktesumme erwürfelt hat, ist es schon ärgerlich, diese durch eine sechs zu verlieren. Es ist aber wichtig, dass Kinder lernen mit kleinen Misserfolgen umzugehen, um sich im sozialen Miteinander zurechtzufinden.

Hausnummern würfeln

Material:	1 Würfel, Notizblatt und Stift
Zeitaufwand:	ab 5 Minuten
Alter:	ab 6 Jahren
Teilnehmer:	ab 2 Spieler

Bei diesem Spiel würfeln die Mitspieler abwechselnd dreimal nacheinander. Auf dem Notizblatt werden für jeden Spieler mit drei Strichen drei Stellen einer Hunderterzahl markiert, jeweils ein Strich für die Einer-, Zehner- und Hunderterstelle.

Nach jedem Wurf entscheidet der Spieler, an welche Stelle er die gewürfelte Ziffer schreibt. Dann ist der nächste an der Reihe. Wer am Ende die höchste Hausnummer gewürfelt hat, hat gewonnen.

Bei diesem Spiel entscheidet neben dem Würfelglück auch Taktik über den Erfolg, denn wer hohe Zahlen auf die Einer- oder Zehnerstellen schreibt, kann Pech haben und als letzte Zahl nur eine 1 würfeln.

ⓘ Dieses Spiel fördert die *Kognition*. Die Kinder müssen dabei bereits eine Vorstellung von den Größen der Zahlen haben. Sie lernen, dass die vorderste Stelle die größte Bedeutung ausmacht, dass also hundert mehr sind als zehn oder eins. Das bedeutet natürlich auch, dass sie strategisch planen müssen: hohe Zahlen sind auf den vorderen Stellen gewinnbringend, kleine Zahlen können auch auf der Einerstelle platziert werden. Ganz nebenbei lernen die Kinder bei diesem Spiel auch, die dreistelligen Zahlen zu lesen. Dies gelingt leichter, wenn sie den Aufbau aus Hunderter-, Zehner- und Einerstellen verstanden haben.

Neunhundertneunundneunzig

Material:	ein Würfel, Stifte, Papier
Zeitaufwand:	5 Minuten
Alter:	ab 9 Jahren
Teilnehmer:	ab 2 Personen

Gespielt wird mit mehreren Spielern und einem Spielleiter. Die Spieler bereiten sich ein kleines Spielfeld vor: ein quadratisches Gitterfeld aus neun Feldern, drei senkrecht, drei waagerecht.

Der Spielleiter würfelt im Spielverlauf neun Mal, die Spieler tragen die angesagten Zahlen in die Kästchen ihres Spielfeldes. Die Spieler können dabei frei entscheiden, an welche Position sie die Zahl schreiben. Es entstehen drei dreistellige Zahlen untereinander. Diese werden am Ende des Spiels addiert. Ziel des Spiels ist es, eine möglichst hohe dreistellige Zahl zu erreichen. Das beste Ergebnis ist also 999.

⊃ Dieses Spiel eignet sich gut für Gruppen oder ganze Schulklassen. Mir selbst ist es aus der Schule bekannt. Es wurde stets für eine kleine Pause zwischen zwei Unterrichtsstunden genutzt.

ⓘ Dieses Spiel fördert die *Kognition* und planvolles Handeln. Da drei Stellen addiert werden müssen und das Ergebnis trotzdem nicht höher als neun sein soll, ist strategisches Handeln gefragt. Im besten Fall werden alle Dreier auf die vorderste Position geschrieben. Das Spiel bleibt aber ein Glücksspiel, man kann die nächste Zahl nicht vorhersehen und muss unter Umständen bereit sein, ein Risiko einzugehen. So kann das Spiel wunderbar laufen – und im letzten Wurf fällt die Zahl, die der Spieler am wenigsten brauchen konnte.

Siebzehn und vier

Material:	3 Würfel
Zeitaufwand:	ab 10 Minuten
Alter:	ab 6 Jahren
Teilnehmer:	mindestens 2 Personen

Bei diesem Spiel geht es darum, mit der Summe der gewürfelten Augen 21 Punkte zu erreichen. Wer mehr Punkte würfelt, hat verloren.

Man muss dreimal würfeln, darf sich aber entscheiden, ob man dabei einen, zwei oder alle drei Würfel benutzt. Es bietet sich an, zunächst alle Würfel zu nutzen und dann je nach Anzahl der gewürfelten Augen die Zahl der Würfel zu reduzieren. Hier ist Taktik und Kopfrechnen gefragt.

Werden mehrere Runden gespielt, notiert sich jeder Spieler die gewürfelten Punkte, auch Ergebnisse unter 21 zählen mit. Für einen Wurf mit mehr als 21 Punkten gibt es allerdings keine Punkte. Der Spieler, der nach einer festgelegten Anzahl von Runden die meisten Punkte erreicht hat, hat gewonnen.

ℹ️ Siebzehn und vier ist ein klassisches Spiel, bei dem Kopfrechnen und planerisches Handeln trainiert werden. Die Kinder müssen den aktuellen Punktestand berücksichtigen und gleichzeitig überlegen, wie groß der Abstand zur 21 noch ist. Auf Grundlage dieser Überlegung entscheiden sie, mit wie vielen Würfeln sie weiter spielen. Dabei sollte ihnen bewusst sein, dass mit zwei Würfeln höhere Punkte geworfen werden …

Eisbär, Fische und Loch

Material:	Würfel
Alter:	ab 8 Jahren
Zeitaufwand:	15 Minuten
Teilnehmer:	mindestens ein Kind und ein Spielleiter

Das Spiel hat ganz klare Regeln, die auf dem Würfelschema beruhen. Auf dem Würfel gibt es Anordnungen, bei denen in der Würfelmitte ein Punkt ist. Dieser mittlere Punkt ist das „Loch" im Eis (bei der 1, der 3 und der 5 gibt es diesen mittleren Punkt). Beim Würfelschema der 3 und der 5 gibt es um die Mitte herum angeordnete Punkte, dies sind die „Eisbären" (bei der 3 sind es 2 Eisbären, bei der 5 findet man 4 Eisbären). Immer dann, wenn es ein „Loch" gibt, sind auf der anderen Seite des Würfels die „Fische", ohne „Loch" gibt, es keine Fische. Auf dem Würfel mit der 1 findet man also ein „Loch", keine „Eisbären", aber sechs „Fische".

Es gibt zwei Spielvarianten:

- Als Rechenspiel:
  Wenn das Kopfrechnen im Vordergrund steht, müssen Sie den Kindern vor dem Spielen folgende Spielregeln erklären: Sie würfeln und die Aufgabe der Kinder ist es, die Anzahl der Eislöcher, Eisbären und Fische auszurechnen. Erklären Sie den Kindern dazu (wenn nötig), dass auf dem Würfel die gegenüberliegenden Seiten stets zusammen den Wert sieben ergeben. Auf der

Rückseite der eins befindet sich auf dem Würfel also die sechs. Dies ist wichtig, um die Anzahl der „Fische" ausrechnen zu können.

Für Spielanfänger empfiehlt es sich, mit 2 Würfeln zu beginnen, die gleichzeitig geworfen werden. Die Kinder rechnen in Ruhe aus, wie viele Eislöcher und Tiere angezeigt sind. Mit erfahrenen Spielern können Sie langsam fünfmal hintereinander würfeln und die Kinder am Ende des Durchganges die Summe aller Eislöcher und Tiere nennen lassen.

▪ Als Rätsel-Spiel:
Bei dieser Variante ist es ausschlaggebend, dass Sie den Kindern die Spielregeln NICHT erklären. Sie würfeln lediglich, lassen das Würfelschema offen liegen und erzählen was sie „sehen". Haben Sie eine 5 gewürfelt, berichten Sie zum Beispiel: „Ich sehe ein Eisloch, vier Eisbären und zwei Fische." Würfeln Sie einige Male und fragen Sie dann, ob die Kinder eine Vorstellung davon haben, wie Sie auf die Löcher, Eisbären und Fische kommen. Je häufiger Sie würfeln, desto leichter wird es für die Kinder die Regeln zu erkennen. Wer die Spielregeln erkennt, hat gewonnen.

ⓘ Dieses Spiel trainiert die Konzentration, das Aufgabenverständnis und die Rechenfertigkeit. Je nach Spielvariante variiert die Ausprägung dieser Bereiche: Vor allem wenn Sie mehrfach hintereinander würfeln, muss das Kind in höheren Bereiche rechnen und sich dabei von Wurf zu Wurf die drei Zwischenergebnisse merken. Da sich die Kinder die „Fische" auf der Rückseite stets vorstellen müssen, brauchen sie ein großes Maß an Konzentration.

Weitere Spiele mit Würfeln:

Mit Würfeln kann man auch sehr gut kopfrechnen üben. Am besten würfelt man mit 2 bis 4 Würfeln.
Im Spielwarenladen gibt es inzwischen Kugelwürfel oder Würfel mit bis zu 20 Seiten, die eine größere Möglichkeit an Aufgabenstellungen ermöglichen.
Am Anfang der schulischen Karriere steht die Addition der Augenzahl von zwei Würfeln, dann nimmt man weitere Würfel dazu. Mit zwei Würfeln kann man natürlich auch eine Zehnerzahl würfeln, die man dann zu einer zweiten gewürfelten Zehnerzahl dazuzählt (addiert) oder von der ersten abzieht (subtrahiert).
Auch das Mal-Rechnen (Multiplikation) kann man mit zwei bis vier Würfeln trainieren. Sie können auch ein Ergebnis vorgeben und von dem Kind verlangen, die Würfel so zu legen, dass das gewünschte Ergebnis durch Addition erzielt wird (z. B. Ergebnis 12, drei Würfel die 5, 5 und 2 zeigen). Rechenanfänger würfeln und nennen stets die Differenz zur 10.

ⓘ Um im Kopfrechnen Sicherheit und damit auch Schnelligkeit zu erlangen, sind viele Wiederholungen und regelmäßiges Üben erforderlich. Da der Lernerfolg am besten zu erzielen ist, wenn die Motivation stimmt, empfiehlt es sich, das Übungsmaterial zu variieren. Die Rechenübungen mit dem Würfel bieten dabei Abwechslung zu notierten und verbal gestellten Aufgaben.

Nagelbrett

Material:	Holz, Nägel, Hammer, Gummibänder
Alter:	ab 7 Jahren
Zeitaufwand:	ca. 45 Minuten für die Herstellung, ca. 20 Minuten für die Beschäftigung damit

Auf einem quadratischen Brettchen werden Nägel so eingeschlagen, dass ein quadratisches Gitter entsteht, bei dem der Abstand zwischen den einzelnen Nägeln immer gleich ist. Die Zahl der Nägel beträgt mindestens 9 (3 3-Gitter), in der Regel aber 16 (4 4-Gitter) oder 25 (5 5-Gitter) und ist nach oben nur durch eine praktikable Größe des Brettes beschränkt.

Auf diesem Brettchen können mit verschiedenfarbigen Gummibändern geometrische Figuren gespannt werden. So können die Formen „Dreieck" und „Viereck" erarbeitet werden und später konkretere Bezeichnungen wie Raute, rechtwinklige Dreiecke oder Trapez.

Den Kindern können auf diesem Weg auch Logikrätsel gestellt werden. So können Sie zum Beispiel verlangen, ein Viereck zu bauen, in dessen Inneren ein Nagel steht, oder möglichst viele Dreiecke auf dem Brett unterzubringen, ohne dass sich diese überschneiden.

Das Nagelbrett (auch Geobrett genannt) findet zum Teil im Geometrieunterricht Anwendung, da es den Kindern hilft, eine Vorstellung von geometrischen Figuren zu bekommen. Sie können die Besonderheiten der Formen erfassen und vergleichen und haben die Möglichkeit, die Entstehung der Figuren selbst

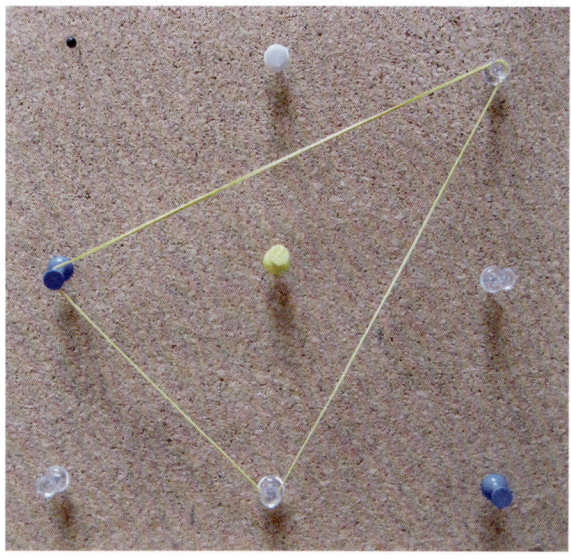

nachzuvollziehen, indem sie die Formen auf ihrem Brett verändern. Manche Kinder brauchen diese Beschäftigung mit konkretem, greifbarem Material und die Erfahrung, etwas selbst entstehen zu lassen, um anschließend mit abstrakten Begriffen besser umgehen zu können.

Die Herstellung und die Beschäftigung mit dem Nagelbrett fördert zudem die *Feinmotorik*. Dürfen die Kinder die Nägel selbst einschlagen, schulen sie ihre Kraftdosierung und Auge-Hand-Koordination, beim Spielen greifen sie in differenzierten Greifformen das Gummiband.

Rechen-Bingo

Material:	Papier, Stifte
Alter:	ab 8 Jahren
Zeitaufwand:	ca. 15 Minuten

Jeder Mitspieler bekommt einen Zettel, der in neun Felder unterteilt ist, in denen je eine Zahl steht. Die Zahlen sind von Spieler zu Spieler unterschiedlich, sollten sich Zahlen wiederholen, haben diese bei jedem Spieler eine andere Position. Ein Spielleiter nennt nun eine Rechenaufgabe, zum Beispiel aus dem kleinen Einmaleins. Jeder Spieler, der die Lösung auf seinem Zettel hat, darf dieses Feld ausstreichen. Sind diagonal, neben- oder übereinander drei Felder durchgestrichen, ruft der Spieler „Bingo" und hat gewonnen.

➡ Um einen Spielfluss zu gewährleisten, ist es sinnvoll, dass der Spielleiter alle vorhandenen Zahlen kennt. Dazu sollten diese auf einen „Spickzettel" geschrieben werden. Es besteht sonst die Gefahr, dass sich das Spiel lange hinzieht, weil zu oft Aufgaben gestellt werden, deren Lösung bei keinem Kind vorkommt.

➡ Um sicher zu gehen, dass die Kinder richtig mitgerechnet haben, können Sie verlangen, die Aufgabe in dem Feld mit der richtigen Lösung zu notieren.

ℹ Rechen-Bingo trainiert das Kopfrechnen in allen möglichen Bereichen, von leichter Addition bis hin zum großen Einmaleins. Vor allem bei etwas anspruchsvolleren Aufgabenstellungen ist es notwendig, dass sich die Kinder konzentrieren und sich ggf. Zwischenergebnisse bzw. die Aufgabenstellung merken. Lässt sich ein Kind ablenken, hat es dadurch vielleicht nicht mehr die Chance zu gewinnen. Die Aussicht auf einen Gewinn steigert die Motivation und lässt die Kinder die Erfahrung machen, dass Rechnen Spaß machen kann.

4. Naturwissenschaften

Welche Ziele hat der Heimat- und Sachunterricht?

Egal, in welchem Bundesland ein Kind in die Schule geht, der Heimat- und Sachunterricht will Schülern helfen, sich mit der sozialen, kulturellen, technischen und natürlichen Umwelt auseinanderzusetzen. Ihrer Entwicklung gemäß sollen die Schüler ihre Lebenswirklichkeit zunehmend differenzierter wahrnehmen, begreifen und begrifflich erfassen. Dabei geht man davon aus, dass die Schüler bereits Erfahrungen einbringen, die sie in der Schule durch gemeinsame neue Erfahrungen ergänzen. Dies trägt dazu bei, dass die Schüler ein besseres Verständnis von sich in ihrer Welt entwickeln. Durch die Arbeit an den Sachen und Sachverhalten der kindlichen Lebenswelt werden die Kinder im Heimat- und Sachunterricht zum verantwortlichen Umgang mit Dingen und Menschen erzogen. Der Unterricht hat zum Ziel, nicht nur Wissen zu vermitteln, sondern identitäts- und persönlichkeitsbildend zu wirken und dabei immer Raum zur Entfaltung von Neugierde und Kreativität zu lassen.

Worum geht es im Heimat- und Sachunterricht?

Im Heimat- und Sachunterricht lassen sich drei Schwerpunkte unterscheiden: der raum-zeitliche, der sachliche und der soziale Schwerpunkt.

Was den ersten Schwerpunkt betrifft, so hat der Heimat- und Sachunterricht die Aufgabe, die Schüler mit ihrer Umgebung vertraut zu machen, zugleich aber auch den Blick zu weiten für ferner liegende Räume. Die Kinder erwerben ausgewähltes grundlegendes Wissen über ihren Wohnort und die Region. Dabei wird zunächst vom unmittelbaren sinnlichen Erfahrungsraum der Kinder ausgegangen. Später informieren sich die Schüler über andere Regionen und die Herkunftsländer von Mitschülern.

Der zweite Schwerpunkt liegt in der Aneignung der Sachen, der natürlichen Dinge und der Natur. Es geht um Antworten auf biologische, physikalisch-chemische und ökologische Fragen und darum, Freude an Pflanzen, Tieren und an der Vielfalt der Natur zu wecken.

Der soziale Schwerpunkt des Heimat- und Sachunterrichts hat weitreichende Bedeutung: Grundlegende soziale Verhaltensweisen, wie das Teilen oder das Sich-Zurücknehmen im Gespräch, das Zuhören oder das Aufeinandereingehen, müssen immer wieder geübt werden.

Wie vermittelt der Heimat-und Sachkundeunterricht Wissen?

Das Fach Heimat- und Sachunterricht in der Grundschule strebt eine Ausgewogenheit von Kind- und Sachorientierung an: Einerseits ist der Unterricht kindorientiert, indem er den Entwicklungsstand der Schüler, ihre spezifischen Lebens- und Lernformen, Themenaspekte aus ihrer Lebenswirklichkeit berücksichtigt und auf Erleben, Erfahren und Handeln hin ausgerichtet ist. Andererseits ist der Unterricht sachorientiert, indem Inhalte in ihren Strukturen aufgezeigt werden, methodisch sachgemäß vorgegangen wird, erste fachliche Bezüge hergestellt und entsprechende Arbeitsweisen vermittelt werden. Die Unterrichtsmethoden sollen das aktive Lernen der Kinder fördern und sind am Lernbegriff des eigenständigen Konstruierens des Wissens orientiert. Dazu dienen originale Begegnungen (z. B. Unterrichtsgänge zu außerschulischen Lernorten) und ein anschauliches Lernen mit vielen Sinnen.

Die Erziehung zur Selbständigkeit unterstützen folgende Lernformen:

- **Forschend-entdeckendes Lernen:** Die Schüler entwickeln Annahmen, überprüfen sie und finden möglichst selbstständig die angestrebten Kenntnisse heraus.

- **Problemorientiertes Lernen:** Der Lernweg geht von Fragen aus und führt über Lösungsplanungen zu Ergebnissen, Schlussfolgerungen sowie Anwendungen.

- **Handelndes Lernen:** Denken und Tun werden zusammengebracht; die Kinder setzen bewusst Handlungsabsichten in Schrittfolgen und zielführende Tätigkeiten um.

- **Projektorientiertes Lernen:** Lehrer und Schüler planen und realisieren eine Unterrichtseinheit, bei der in Gruppen und häufig mit fächerübergreifender Perspektive ein gemeinsames Produkt oder eine Aktion entsteht.
  (Quelle: Lehrplan für die bayerische Grundschule, Fachprofil Heimat- und Sachunterricht)

Unterwasser-Experiment

Material:	ein hohes Glas, ein Blatt Papier, große Salatschüssel mit Wasser
Zeitaufwand:	5 Minuten
Alter:	ab 6 Jahren
Teilnehmer:	ab 1 Kind

Ein Blatt Papier wird zerknüllt und in ein hohes Glas gedrückt. Es darf das Glas nur bis zur Hälfte ausfüllen und beim Umdrehen nicht mehr herausrutschen. Das Glas wird nun umgedreht und schnell in die mit Wasser gefüllte Salatschüssel getaucht. Zählen Sie bis zehn und holen Sie das Glas aus dem Wasser. Kinder gehen nun natürlich davon aus, dass das Papier nass ist, werden aber verblüfft feststellen, dass es trocken geblieben ist.

Wichtig ist, dass das Glas schnell und senkrecht von oben eingetaucht wird. Würde das Glas schräg eingetaucht werden, könnte die Luft entweichen und das Papier würde nass werden.

Was Kinder dabei lernen:
Erklären Sie den Kindern, dass Luft etwas ist, das man zwar nicht sieht, aber dennoch da ist. Luft befindet sich auch in dem Glas. Wird das Glas unter Wasser getaucht, drückt das Wasser die Luft zwar zusammen, sie bleibt aber im Glas und schützt das Papier davor, nass zu werden. In einer durchsichtigen Salatschüssel kann man gut sehen, dass das Wasser das Papier nicht erreicht.

Geschmacks-Experiment

Material:	verschiedene Lebensmittel z. B. Obst, Gemüse, Getränke, Süßspeisen (Joghurt, Marmelade, Honig) und Sauerspeisen (Senf, Ketchup); Augenbinde, Löffel, Gabel, Messer
Zeitaufwand:	10 Minuten
Alter:	ab 6 Jahren
Teilnehmer:	ab 1 Kind

Zu Beginn werden die Lebensmittel vorbereitet, indem man sie in mundgerechte Stücken schneidet. Ein experimentierfreudiges Kind verbindet sich die Augen. Der Spielleiter hält dem Kind die Nase zu und lässt es von verschiedenen Dingen probieren: ein Stückchen Apfel, ein Löffel Honig, ein Stück Gurke, ein kleiner Schluck Salzwasser. Wichtig ist, dass die Nase des Kindes stets zugehalten wird! Das Kind wird die grobe Geschmacksrichtung erkennen können, sich aber schwer damit tun, das Lebensmittel zu benennen. Sie werden feststellen, dass das Kind sogar ungerührt ein Stück Zwiebel verspeist ...

➲ Oberste Regel ist natürlich, auf Lebensmittelunverträglichkeiten zu achten und nichts zu nehmen, was man selbst nicht im Mund haben wollte!

Was Kinder dabei lernen:
Die Zunge ist über und über mit Geschmacksknospen bedeckt. Diese können vier grundsätzliche Geschmacksrichtungen erkennen: süß, sauer, salzig, bitter. Der vollständige Geschmack unserer Speisen setzt sich aber zudem aus Gerüchen zusammen. Um den Geschmack also identifizieren zu können, brauchen wir das Zusammenspiel von Zunge und Nase.

Glasorgel-Experiment

Material:	6 bis 8 gleich große Gläser, Wasser, Bleistift
Zeitaufwand:	15 Minuten
Alter:	ab 7 Jahren
Teilnehmer:	ab 1 Kind

Füllen Sie die Gläser mit unterschiedlich viel Wasser. Wenn Sie die Gläser nun mit dem Bleistift anschlagen, ertönen abhängig von der Wasserhöhe unterschiedliche Töne. Lassen Sie die Kinder herausfinden, welches die höchsten und die tiefsten Töne sind oder die Gläser zu einer Tonleiter aufstellen.

Was Kinder dabei lernen:
Geräusche hören wir durch Schallschwingungen in der Luft. Schlägt man mit dem Bleistift an ein leeres Glas, erzeugt man schnelle Schwingungen. Diese haben einen hohen Ton. Ist Wasser im Glas, muss auch dieses in Schwingungen geraten und bremst dabei die schnellen Schwingungen des Glases. Der Ton klingt dadurch tiefer.

Wasserberg-Experiment

Material:	ein Glas, Wasser, Büroklammern oder Münzen, evtl. ein Tablett auf dem das Glas abgestellt wird.
Zeitaufwand:	10 Minuten
Alter:	ab 8 Jahren
Teilnehmer:	ab 1 Kind

Füllen Sie ein Glas randvoll mit Wasser. Es soll kurz vor dem Überlaufen sein, dennoch darf noch kein Tropfen über den Rand kommen. Lassen Sie vorsichtig Büroklammern ins Wasser gleiten. Nach und nach können Sie beobachten wie sich am Glasrand langsam ein „Berg" aus Wasser bildet.

Lassen Sie die Kinder vorher schätzen, wie viele Büroklammern oder Münzen in das Glas fallen können, bis dieses überläuft. Vermutlich tippen sie auf zehn oder weniger Klammern und werden erstaunt sein, welche Menge in ein Glas passt. Wählen Sie das Glas nicht zu groß, damit der Effekt auch beobachtet werden kann!
Ein Tablett schützt den Tisch vor kleineren Überschwemmungen!

Was Kinder dabei lernen:
Wasser besitzt auf seiner Oberfläche eine Art Haut (Oberflächenspannung). Wenn die Büroklammern vorsichtig in das Glas gegeben werden, bleibt die Haut auf der Wasseroberfläche intakt. Gespannt hat sie genug Kraft, um das Wasser darunter zusammenzuhalten. Das Wasser wölbt sich dabei wie ein Berg über dem Glas. Erst, wenn zu viele Büroklammern im Glas sind, wird die Spannung auf der Wasseroberfläche zu groß, die Haut reißt und das Glas läuft über.

Tiefkühlbeutel als Stifte-Halter

Material:	Tiefkühlbeutel, mehrere gespitzte Stifte, Wasser
Zeitaufwand:	10 Minuten
Alter:	ab 7 Jahren
Teilnehmer:	ab 1 Kind

Der Tiefkühlbeutel wird mit Wasser gefüllt und verknotet. Halten Sie ihn am besten über ein Waschbecken oder die Badewanne, für den Fall, dass das Experiment fehlschlägt. Stechen Sie nun einen Stift durch den Beutel. Was passiert? Kinder werden natürlich vermuten, dass der Beutel nun platzt oder zumindest ausläuft. Man kann aber sogar mehrere Stifte in den Tiefkühlbeutel bohren, ohne dass Wasser herausrinnt!

Was Kinder dabei lernen:
Einige Plastikfolien lassen sich sehr stark dehnen (sonst könnte man Luftballons nicht aufblasen, sie würden sofort reißen!) und passen sich dadurch an Gegenstände an. Das Plastik umschließt also den Stift ganz eng und lässt so kein Wasser entweichen.

Seife gegen Konfetti

Material:	eine Schüssel oder das Waschbecken, Konfetti oder Papierreste aus dem Locher, ein Stück Seife
Zeitaufwand:	5 Minuten
Alter:	ab 6 Jahren
Teilnehmer:	ab 1 Kind

Füllen Sie eine Schüssel oder das Waschbecken mit Wasser und streuen Sie das Konfetti hinein. Befeuchten Sie ein Stück Seife und halten Sie es mitten in das Konfetti. Das Konfetti schießt sofort von der Seife weg an den Rand der Schüssel.

Was Kinder dabei lernen:
Auch in einer Schüssel oder im Waschbecken hat das Wasser auf der Oberfläche eine gewisse Spannung, eine Art „Haut" (vgl. „Wasserberg-Experiment"). Auf dieser Haut schwimmt das Konfetti. Durch die Seife zerreißt diese Haut und das Konfetti gelangt an den Rand.

Der Paranuss-Effekt

Material:	ein Schuhkarton oder ein Glas, Reis oder Sand, Murmeln oder Steine
Zeitaufwand:	10 Minuten
Alter:	ab 6 Jahren
Teilnehmer:	ab 1 Kind

Einige Steine werden in einen Schuhkarton gelegt und mit Sand bedeckt, bis man sie nicht mehr sehen kann. Die Kinder schütteln nun den Karton hin und her. Nach einiger Zeit tauchen die Steine oben auf dem Sand auf.

Wenn Sie das Experiment im Kleinen durchführen wollen, legen Sie eine Murmel in ein Glas und füllen es anschließend mit Reis. Durch Schütteln und Rütteln gelangt auch hier die Murmel nach und nach an die Oberfläche.

Was Kinder dabei lernen:
Stellt man sich das Gewicht des Sandes und der Steine vor so scheint klar zu sein, dass die schwereren Steine im Karton unten liegen müssten. Durch die rüttelnde Bewegung entstehen kurzzeitig Hohlräume, in die bevorzugt die kleineren Bestandteile (also der Sand) hineinrutschen, während die Steine zu groß dafür sind. Im alltäglichen Leben kennt man diesen Effekt beim Öffnen von Müsli-Packungen. Hier sind es die Nüsse die immer oben liegen, während am Boden der Packung Flocken und kleiner Bestandteile des Müslis zu finden sind. (Die Bezeichnung „Paranuss-Effekt" kommt aus dem amerikanischen Raum. Dort findet man diese großen Nüsse häufig im Müsli.)

Münzen-Tanz

Material:	eine leere Glasflasche, eine 50 Cent Münze, Kühlschrank
Zeitaufwand:	15 Minuten
Alter:	ab 8 Jahren
Teilnehmer:	ab 1 Kind

Legen Sie die Flasche für mehrere Stunden in den Kühlschrank. Nach dem Herausnehmen feuchten Sie die Öffnung an und legen die Münze oben auf die Öffnung. Legen Sie nun die Hände an die Flasche. Nach einiger Zeit beginnt die Münze wie von Geisterhand an sich zu bewegen oder fällt gar von der Flasche.

Was Kinder dabei lernen:
Die Flasche ist kalt und dadurch auch die Luft im Inneren der Flasche. Unsere Hände haben Körpertemperatur, sind also wärmer als die Flasche. Wenn Sie die Flasche festhalten, erwärmt sich die Luft in der Flasche. Dabei dehnt sie sich aus, braucht mehr Platz und will die Flasche verlassen. Durch den Druck der Luft beginnt sich die Münze zu bewegen.

Der Fisch im Netz

Material:	ein Stück Pappe, Stifte, Nadel oder Locher, zwei Gummibänder
Zeitaufwand:	20 Minuten
Alter:	ab 6 Jahren
Teilnehmer:	ab 1 Kind

Auf die eine Seite der Pappe malen die Kinder einen Fisch, die andere Seite soll wie ein Netz aussehen. An beiden Seiten der Pappe werden kleine Löcher gemacht, um die Gummibänder anzubringen. Die Kinder halten die Gummibänder fest und drehen die Pappe dazwischen so lange, bis die Bänder ganz verdreht sind. Wenn die Kinder die Gummibänder nun leicht auseinander ziehen, dreht

sich die Pappe sehr schnell. Dabei vermischen sich beide Bilder: es sieht, aus als sei der Fisch im Netz.

Was Kinder dabei lernen:
Der Effekt ist in seinen Grundzügen ähnlich wie der beim Daumenkino. Durch die schnelle Abfolge werden Einzelbilder als Sequenz kombiniert wahrgenommen. Die Kinder sehen nicht mehr den Fisch und mit einer zeitlichen Unterbrechung das Netz, sondern beides so schnell aufeinander folgend, dass sie als eins wahrgenommen werden: Fisch im Netz.

Der Zauber in den eigenen Augen

Material:	Lampe, Spiegel
Zeitaufwand:	10 Minuten
Alter:	ab 6 Jahren
Teilnehmer:	ab 1 Kind

Fordern Sie das Kind zunächst auf, sich sein Auge einmal genau im Spiegel anzuschauen und machen Sie es auf den kleinen schwarzen Fleck in der Mitte, die Pupille, aufmerksam. Die Pupille ist nicht immer gleich groß. Sie kann sich größer und kleiner machen. Um das am eigenen Auge zu sehen, soll das Kind den Raum abdunkeln, so dass es seine Augen im Spiegel gerade noch erkennen kann. Die Pupille ist im Dunkeln sehr groß. Knipst das Kind die Lampe an, kann es zusehen, wie sich die Pupillen zusammenziehen und klein werden.

Was Kinder dabei lernen:
Um die Pupille herum befindet sich die Iris, die Regenbogenhaut. Sie besitzt Muskeln, die die Pupillenweite regulieren können. Bei Lichteinfall zieht sich die Pupille zusammen – dadurch wird der Lichtstrahl, der auf die Netzhaut hinter dem Auge fällt, kleiner. Gelangt zu viel Licht in das Auge, ist man geblendet und kann für einen Moment gar nichts sehen. Die enggestellte Pupille schützt das Auge und lässt uns schärfer sehen. Wenn es außen aber dunkel ist, müssen möglichst viele Lichtstrahlen auf die Netzhaut gelangen – die Pupille wird groß.

Das Herz schlagen sehen

Material:	eine analoge Körperwaage
Zeitaufwand:	10 Minuten
Alter:	ab 6 Jahren
Teilnehmer:	ab 1 Kind

Bitten Sie das Kind ganz schnell eine Treppe hinauf zu laufen, einige Luftsprünge zu machen oder eine Runde durch den Garten zu rennen. Sobald es etwas aus der Puste ist und sein Herz kräftig schlägt, soll es auf die Waage steigen. Dort kann es nun erkennen, wie der Zeiger der Waage im Takt des Herzschlages leicht zittert.

Was Kinder dabei lernen:
Der Zeiger bewegt sich, da das Blut so kräftig durch den Körper fließt, dass der ganze Körper bebt.
Der menschliche Körper braucht Sauerstoff, um zu funktionieren. Den Sauerstoff holt sich das Blut in der Lunge, die sich bei jedem Atemzug mit Luft füllt. Wenn das Blut nun durch den Körper fließt, können die Muskeln mit Sauerstoff versorgt werden.
Treibt das Kind Sport, müssen die Muskeln viel leisten und benötigen dafür mehr Sauerstoff. Man atmet schneller und das Herz schlägt schneller, um den Sauerstoff im Körper zu verteilen.

Fingerabdrücke nehmen

Material:	1 Scheibe Toastbrot, Toaster, kleine Schüssel, Löffel, Plastiktüte, Klebefilm, Papier
Zeitaufwand:	20 Minuten
Alter:	ab 8 Jahren
Teilnehmer:	ab 1 Kind unter Aufsicht eines Erwachsenen

Das Toastbrot wird etwas länger getoastet als üblich, so dass es an den Rändern schwarz wird. Wenn das Toastbrot abgekühlt ist, werden die schwarzen Krusten abgekratzt und in einer kleinen Schüssel mit dem Löffel zu feinem schwarzen Pulver zerdrückt.

Bevor man nun die Finger auf eine Plastiktüte drückt, sollte man sich einmal damit durch die Haare fahren. Dadurch hat man einen ganz leichten Fettfilm auf den Fingern. Hat man einen Fingerabdruck auf der Plastiktüte hinterlassen, wird diese mit etwas Puder eingestäubt. Plötzlich wird der Abdruck sichtbar. Mit einem Stück Klebefilm kann man den Abdruck auf ein weißes Papier übertragen. Dafür das Klebeband vorsichtig auf den Fingerabdruck kleben und genauso vorsichtig wieder abziehen. Klebt man den Klebefilm nun auf weißes Papier, erscheint der Fingerabdruck dort!

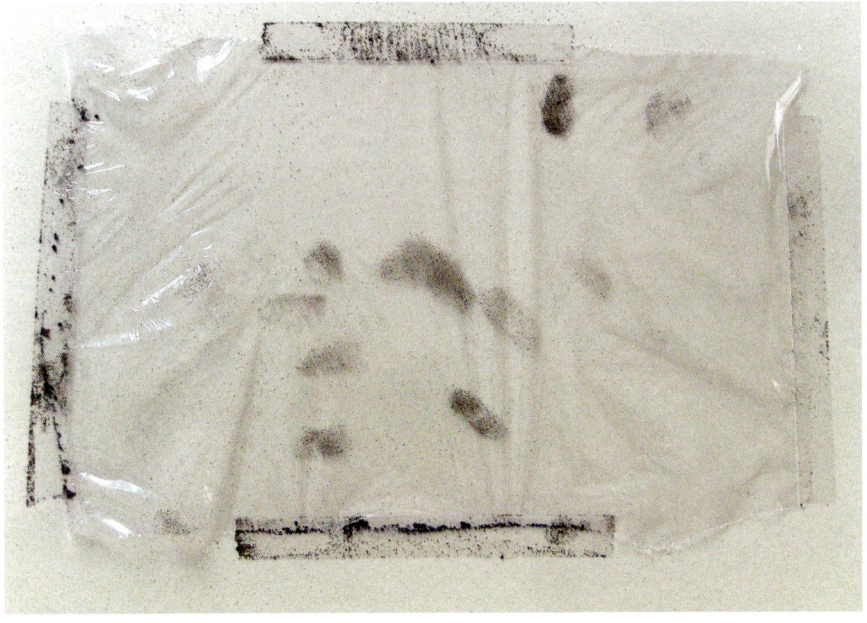

Praxistipp: das Pulver sollte wirklich sehr fein gemörsert werden. Damit man die Fingerabdrücke gut sieht, haben wir ein Stück Frischhaltefolie auf Fotokarton geklebt und darauf die Fingerabdrücke hinterlassen.

Was Kinder dabei lernen:
Die engen Linien an den Fingerkuppen eines Menschen nennt man „Hautleisten". Sie helfen zum einen beim Greifen und Festhalten, hinterlassen auf glatten Oberflächen aber auch Fingerabdrücke. Jeder Mensch hat seinen eigenen Fingerabdruck. Der Fingerabdruck ist ein unverwechselbares Mittel, um einen Menschen wiederzuerkennen. Deshalb nutzt auch die Polizei Fingerabdrücke, um Verbrechen zu lösen. Mit Hilfe der Fingerabdrücke ist es leichter, den Täter zu finden. Die Fingerabdrücke werden von der Polizei im Computer gespeichert, damit sie schnell und einfach miteinander verglichen werden können.
Ein Fingerabdruck ist nicht veränderbar. Egal ob im Kindes- oder Erwachsenenalter, ein Mensch behält stets den gleichen Fingerabdruck. Das Muster bleibt sogar nach Verletzungen oder Verbrennungen erhalten.

Selbstgebaute Lupe

Material:	Pappe, Schere, durchsichtige Plastikfolie, Klebeband, Wasser, Zeitung oder ähnliches
Alter:	ab 6 Jahren
Zeitaufwand:	20 Minuten
Teilnehmer:	ab 1 Kind

Aus einem Stück Pappe wird die Form einer Lupe ausgeschnitten, das heißt, ein ca. 2 – 3 cm breiter Ring mit einem Griff daran. Auf das Loch in der Mitte des Rings wird mit Klebeband Klarsichtfolie geklebt. Dann tropft man vorsichtig etwas Wasser auf die Folie. Durch den Wassertropfen hindurch kann man nun die Zeitung betrachten: die Buchstaben erscheinen größer!

Achtung! Weisen Sie die Kinder darauf hin, dass sie nicht durch den Wassertropfen in eine Lichtquelle schauen dürfen!

Was Kinder dabei lernen:
Lupen sind Linsen, die auf mindestens einer Seite nach außen gewölbt sind. Diese Linsenform kann Lichtstrahlen von einem Gegenstand oder einer Lichtquelle bündeln. Den Punkt, an dem sich alle Strahlen treffen, nennt man Brennpunkt. Schaut man durch so eine Linse, erscheint das betrachtete Objekt größer. Wie stark die Vergrößerung ist, hängt dabei von der Linse ab.

Wegen der Oberflächenspannung ist der Wassertropfen wie eine Linse nach außen gewölbt und funktioniert vom Effekt her genau so, nur nicht so präzise.

Regenbogenfarben zaubern

Material:	weißes Papier, ein Glas halb mit Wasser gefüllt, Sonnen- schein
Zeitaufwand:	5 Minuten
Alter:	ab 6 Jahren
Teilnehmer:	ab 1 Person

Das Blatt Papier wird an einen direkt von der Sonne beschienenen Ort gelegt. Dann hält man das Glas etwa eine Handbreit über das Papier: die Farben des Regenbogens erscheinen.

Was die Kinder dabei lernen:
Obwohl es anders aussieht, gibt es kein weißes Licht. Eigentlich gibt es nur farbiges Licht. Es besteht aus den Bestandteilen rot, gelb, grün, blau und violett. Zusammen erscheinen sie weiß. Trifft das „weiße" Sonnenlicht auf Wasser, können sich die Farbbestandteile nicht mehr zusammen ausbreiten. Jeder ändert minimal seine Richtung und dadurch sieht man auf einmal alle Farben einzeln. Diesen Vorgang nennt man „Lichtbrechung". Das Wasser im Glas bricht das Sonnenlicht in seine einzelnen Farben, die auf dem weißen Blatt Papier sichtbar werden.
Den gleichen Effekt kann man bei Regenbögen, Wasserfällen, Springbrunnen und sogar mit dem Gartenschlauch beobachten.

Einen Ball schweben lassen

Material:	ein Föhn und ein Tischtennisball
Zeitaufwand:	5 Minuten
Alter:	ab 6 Jahren, unter Aufsicht, da der Föhn heiß wird!
Teilnehmer:	ab 1 Person

Den Föhn anschließen, anschalten und so halten, dass der Luftstrom senkrecht nach oben zeigt. Dann gibt man einen Tischtennisball in den warmen Luftstrom.

Was Kinder dabei lernen:
Der Luftdruck im Luftstrom des Föhns ist geringer als der Luftdruck außerhalb. Wenn der Ball nach außen ausbrechen will, drückt ihn die Luft, die sich um den Föhn-Luftstrom befindet, wieder zurück. Der Tischtennisball wird von der warmen Luft getragen. An allen Seiten des Balls strömt dabei in etwa die gleiche Menge Luft entlang.

Donner und Doria

Material:	eine Papiertüte, Gummiringe
Zeitaufwand:	5 Minuten
Alter:	ab 6 Jahren
Teilnehmer:	ab 1 Person

Die Papiertüte prall aufblasen, als sei sie ein Ballon und dann mit einem Gummiring verschließen. Das Kind legt die Tüte vor sich ab und schlägt mit beiden Händen seitlich fest auf die Tüte. Die Tüte platzt mit einem lauten Knall!

Was die Kinder dabei lernen:
Die Luft in der Tüte war zusammengepresst. Wenn man die Tüte zerschlägt, kann die Luft plötzlich entweichen und tut das mit einem Knall.

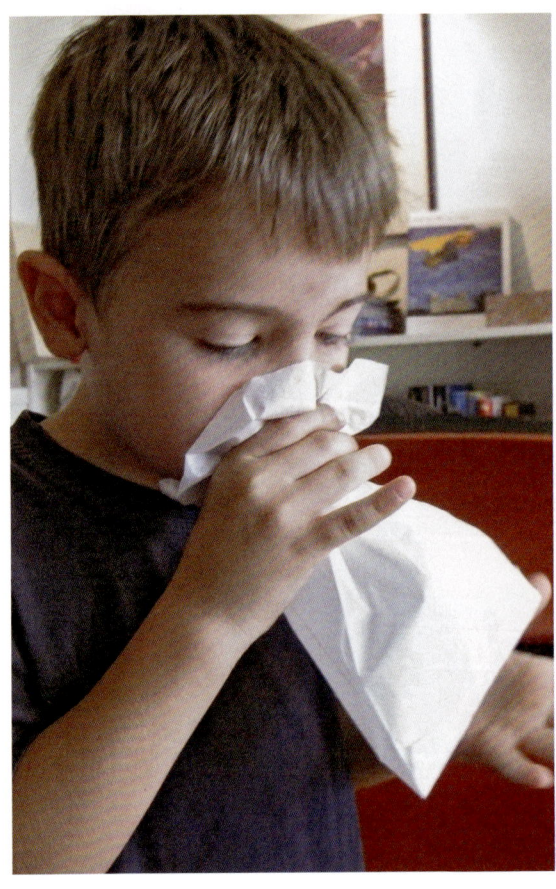

Schlaue Kartoffeln

Material:	Schuhkarton mit Deckel, Pappe, Schere, Klebeband, eine kleine Plastikschale mit Erde, eine alte Kartoffel mit Trieben
Zeitaufwand:	20 Minuten und einige Tage Wartezeit
Alter:	ab 7 Jahren
Teilnehmer:	ab 1 Person

Die Kartoffel wird mit dem Trieb nach oben in das Gefäß mit Erde gelegt, dann stellt man beides in den Schuhkarton. Nun baut man mit Pappe und Klebeband ein sehr einfaches Labyrinth. Dabei teilt man die Schachtel mit Pappestreifen in Abteile. An der am weitesten von der Kartoffel entfernten Stelle wird noch ein Loch mit ca. 3 cm Durchmesser in die Seitenwand des Kartons gemacht. Den Deckel schließen und die Schachtel an einen hellen Ort stellen.

Der kleine Kartoffelkeim strengt sich an, um ans Licht zu gelangen. Schon nach einigen Tagen schaut dann ein blasser Kartoffeltrieb durch das Loch und reckt sich dem Licht entgegen.

🡒 Achtung: dieses Experiment benötigt sehr viel Zeit. Ergebnisse sind teilweise erst nach einigen Wochen zu sehen.

Was die Kinder dabei erlernen:
Die Triebe der Kartoffel wachsen dem Licht entgegen. Winzige lichtempfindliche Zellen, die man mit dem bloßen Auge nicht erkennen kann, steuern den Keim durch den Karton. Die Teile des Triebs in der Schachtel sind hell, erst, wenn der Trieb das Loch erreicht hat, wird er grün und bildet auch Blätter aus. Nur am Licht kann die Pflanze den wichtigen grünen Blattfarbstoff (genannt Chlorophyll) bilden. Diesen Blattfarbstoff und das Licht benötigen Pflanzen, um den Zucker herzustellen, von dem sie leben.

Hefeballon

Material:	eine durchsichtige Plastikflasche, warmes Wasser, Hefe, Zucker, Luftballon
Zeitaufwand:	5 Minuten Vorbereitung, eine Stunde Wartezeit
Alter:	ab 6 Jahren
Teilnehmer:	ab 1 Person

Hefe und Zucker in eine Flasche geben und dann langsam warmes Wasser dazu gießen. Die Flasche sollte etwa zur Hälfte gefüllt sein. Den Luftballon über den Flaschenhals stülpen und warten.

Wählen Sie einen Ballon, der qualitativ hochwertig ist. Ansonsten könnte der Ballon leicht reißen und anstelle eines gelungenen Experiments gibt es nur einen Hefebrei zu sehen, der sich langsam wie Lava ausbreitet und stark nach Bier riecht ...

Was die Kinder dabei erlernen:
Die Flüssigkeit in der Flasche schäumt und der Ballon wird aufgeblasen. Die Hefe ist ein kleiner Pilz und ernährt sich von dem Zucker. Dabei wird ein Gas, nämlich Kohlendioxid erzeugt, das den Ballon aufbläst. Dadurch kommen auch die Löcher in das Hefegebäck!

Die Miniwaschmaschine

Material:	Wasser, ein Glas ohne und ein Glas mit Deckel, ein Esslöffel Waschmittel, Stoffreste, einige Tropfen Saft, Ketchup, Senf, Marmelade, Öl etc.
Zeitaufwand:	ca. 15 Minuten
Alter:	ab 6 Jahren
Teilnehmer:	ab 1 Person

Beide Gläser werden mit Wasser gefüllt. In ein Glas wird das Waschmittel gegeben. Dann zuschrauben und kräftig schütteln, damit sich alles auflöst. Zwei alte Stoffstreifen werden mit verschiedenen Materialien (Ketchup, Senf, Saft, Marmelade, Öl oder anderem) beschmutzt. Dann taucht man einen Stoffstreifen in das Glas mit dem klaren Wasser, den anderen in das Glas mit der Waschmittellauge.

Was die Kinder dabei erlernen:
Der Streifen in der Waschmittellauge wird schneller sauber als der im klaren Wasser. Das liegt daran, dass die Seifenmoleküle die Oberflächenspannung des Wassers herabsetzen und sich die Schmutzteilchen dadurch besser vom Stoff lösen.

5. Grobmotorik und Feinmotorik

Feinmotorik

Fragt man Kinder, was sie in der Schule lernen werden, ist eine Antwort fast immer dabei: schreiben. Schrift begegnet Kindern schon von klein auf – sie sehen, wie Mama einen Einkaufszettel schreibt, wie ältere Geschwister Hausaufgaben, wie Oma ein Kreuzworträtsel löst. Bald haben sie das Interesse, ihren eigenen Namen schreiben zu können. Im Kindergarten werden die zukünftigen Schüler mit vielfältigen Angeboten auf das Schreiben lernen vorbereitet. Es wird gebastelt, geknetet, gefädelt, geschnitten und geklebt. Das ist notwendig, um die Feinmotorik zu schulen und somit eine wichtige Voraussetzung zu schaffen, damit die Kinder in der Schule gut zurechtkommen.

In der Schule ist die Schrift der Bereich, an dem man die feinmotorischen Leistungen eines Kindes am schnellsten ablesen kann. Ist das Kind interessiert daran, Schrift zu produzieren oder versucht es, Situationen zu vermeiden, in denen es mit dem Stift arbeiten muss? Ist die Schrift leserlich und regelmäßig oder gelingt es nur mit Mühe, das Geschriebene zu entziffern? Kann das Kind das Tempo der Mitschüler halten oder braucht es stets länger, z. B. weil die Finger zu schmerzen beginnen?

Natürlich muss man berücksichtigen, dass das Schriftbild auch bei Erwachsenen von Gemütszuständen, äußeren Faktoren (welcher Schreib-Untergrund, welches Schreibgerät), der Motivation und der Konzentration abhängt. Das zentrale, schriftprägende Element bleibt aber die *Motorik*. Um die Buchstabenformen normgerecht und zügig abzubilden, müssen die Schreibbewegungen ausdauernd ausgeführt werden können. Hinzu kommt, dass dies automatisiert geschehen muss, das heißt, der Schreibende sollte sich nicht auf seine Fingerbewegungen konzentrieren müssen, sondern den Kopf frei haben für den Inhalt des Geschriebenen. Eine nicht ausgereifte *Feinmotorik* erkennt man unter anderem an einer verkrampften oder nicht gefestigten Stifthaltung. Als optimale Stifthaltung kann man den „dynamischen 3-Punkt-Griff" ansehen. Dabei wird der Stift mit Daumen und Zeigefinger gegriffen und liegt auf dem Mittelfinger auf. Der Stift wird flach geführt und liegt in der Daumenmulde. Die Hand wird seitlich abgestützt, die Kleinfingerseite ruht auf dem Tisch. Diese Stifthaltung sollte optimaler Weise bereits im Kindergarten erlernt werden. Gelingen einem Schüler mit einer abweichenden Stifthaltung flüssige Schreibbewegungen mit guter Druckdosierung, besteht allerdings kein Anlass die Stifthaltung zu korrigieren.

Verantwortlich für eine gute *Feinmotorik* ist nicht zuletzt eine gut geübte, perfekt zusammenspielende Muskulatur im Handbereich. Diese lässt sich bis ins höhere Alter durch gezielte Übungen trainieren. Sollte bei einem Schüler aber das schulische und häusliche Üben nicht ausreichen, um ein flüssiges, leserliches Schriftbild zu erzielen, kann es notwendig sein, therapeutische Unterstützung in Anspruch zu nehmen.

Grobmotorik

Laut einer Empfehlung der Welt Gesundheitsorganisation WHO sollten sich Kinder mindestens eine Stunde am Tag im Freien bewegen. Eine Studie der deutschen Bundesregierung aus dem Jahr 2009 belegt allerdings, dass nur knapp 15 % der 4 bis 17-jährigen dieses Soll erfüllen. Wichtig ist für die Kinder demzufolge nicht nur der klassische Sport im Unterricht oder Sportverein, auch die „normale" Bewegung, wie zum Beispiel der Schulweg, der zu Fuß bewältigt wird. Der Sportunterricht an Grundschulen deckt nur einen Bruchteil der geforderten Aktivität ab.

Bewegung ist natürlich nicht nur für die körperliche, sondern auch für die geistige Entwicklung wichtig. Professor Eckhard Hoffmann und sein Team von der Hochschule Aalen mussten bei einer Studie zu den Fähigkeiten (www.schnecke. inglub.de) feststellen, dass 62 % der untersuchten Grundschüler leichte bis schwere Probleme mit dem Gleichgewicht haben. Leider ließ sich auch ein Zusammenhang mit schlechteren Schulnoten belegen. Daher ziehen die Wissenschaftler auf der website des Projekts folgendes Fazit: „Die aktuellen Studienergebnisse des Projekts „Schnecke-Bildung braucht Gesundheit" legen nahe, dass für die Mehrheit der Kinder zunächst eine Wahrnehmungsförderung mit besonderem Schwerpunkt auf der Förderung des Gleichgewichts im Vordergrund stehen muss."

Spieglein, Spieglein

Material:	keines
Zeitaufwand:	5 bis 15 Minuten
Alter:	ab 6 Jahren, mindestens 2 Mitspieler
Teilnehmer:	mindestens 2 Spieler

Die Spieler stellen sich einander gegenüber auf. Der erste Spieler nimmt eine Pose ein, beispielsweise steht er auf einem Bein und hält einen Arm nach oben. Sein Gegenüber versucht nun, die Pose nachzuahmen. Jeder Spieler darf drei Posen vormachen, dann wird gewechselt.

Etwas schwieriger wird die Übung, wenn sich die beiden Spieler nebeneinander stellen. Als weitere Variante können sich die Spieler auch Rücken an Rücken stellen. Der erste Spieler nimmt eine Pose ein und beschreibt dann mit Worten, was er gemacht hat. Spieler zwei befolgt die Anweisungen. Ein Spielleiter oder auch der Rest der Gruppe beurteilt, ob die beiden Spieler die gleiche Pose eingenommen haben.

ℹ️ Spieglein, Spieglein trainiert neben der *Motorik* und Körperwahrnehmung auch die Konzentration. Die Kinder sehen Körperhaltungen an ihrem Gegenüber und müssen diese auf den eigenen Körper übertragen. Dabei greifen sie auf tiefensensible Informationen über ihre Gelenkstellungen zurück, um ohne visuelle Kontrolle (das Kind sieht sich selbst nicht im Spiegel) ihre Haltung zu kontrollieren. Um Feinheiten (z. B. wie werden die Finger der ausgestreckten Hand gehalten?) zu erkennen, benötigen die Kids eine gute Konzentration. Werden die Positionen verbal beschrieben, so müssen beide Mitspieler über einen guten Körperbegriff und ein sicheres verbales Aufgabenverständnis verfügen.

Gemeinsam auf Murmeljagd

Material:	viele Murmeln, pro Kinderpaar einen Luftballon und ein kleines Gefäß
Zeitaufwand:	15 Minuten
Alter:	ab 7 Jahren
Teilnehmer:	ab 2 Kindern

Sind mindestens 4 Kinder anwesend, kann man dieses Spiel als Wettkampf gestalten. Andernfalls ist es aber auch für 2 Kinder eine Beschäftigung mit großem Unterhaltungswert.

In einem festgelegten Raum (z. B. Klassenzimmer, Wohnzimmer) werden alle Murmeln auf dem Boden verteilt. Je zwei Kinder finden sich zu einem Paar zusammen, setzen sich auf den Boden und fixieren einen Luftballon durch leichten Druck zwischen ihren Köpfen. Auf ein Startsignal hin suchen sie die Murmeln und bringen sie in ein Gefäß. Dabei darf der Luftballon natürlich nicht hinabfallen. Berührt er doch den Boden, muss das Paar ohne Murmel zurück zum Gefäß und von dort neu starten.

Das Spiel endet nach einer vorher festgelegten Zeit (Sie können z. B. ein Lied singen oder vorspielen. Ist der Song vorbei, endet das Spiel). Das Team, das am meisten Murmeln gesammelt hat, gewinnt.

➡ Tipp: Zählen Sie die Murmeln vorher, vor allem, wenn der Raum auch von kleineren Kindern genutzt wird, die die Murmeln verschlucken könnten! So können Sie später sicher sein, alle Murmeln gefunden zu haben.

ℹ Dieses Spiel vermittelt Spaß an Bewegung und trainiert so die *Grobmotorik*. Es wird vorwärts und rückwärts gekrabbelt, sicher auch mal angestoßen oder gestürzt, gemeinsam wieder aufgestanden und kreuz und quer nach den Glaskügelchen gegriffen. Die Kinder lernen so nebenbei, sich auf einen Mitspieler einzulassen, Rücksicht zu nehmen und im körperlichen Umgang bedächtig zu sein. Schnell werden sie merken, dass es sinnvoll ist, Absprachen zu treffen und sich gegenseitig Kommandos zu geben. Nur so kann gewährleistet werden, dass der Luftballon nicht herabfällt und man das Spiel gewinnt.

Heulrohr Murmelbahn

Material:	Murmel, handelsübliches Heulrohr (Plastikschlauch mit Riffelung)
Zeitaufwand:	5 Minuten
Alter:	ab 6 Jahren
Teilnehmer:	ab 1 Kind

Die Murmel wird in das Heulrohr gegeben und durch Bewegungen des Schlauches durch diesen bewegt. Interessant wird das Spiel, wenn zwei Kinder zusammen spielen und versuchen, die Murmel zwar von einem zum anderen zu transportieren, sie aber nicht herausfallen zu lassen. Stehen mehrere Heulrohre zur Verfügung, kann eine lange Murmelbahn gebaut werden. Können sich die Kinder im Kreis aufstellen, die Schläuche aneinander halten und die Glaskugel so einmal im Kreis laufen lassen?

ℹ Dieses Spiel trainiert, wenn es mit mehreren Spielern gespielt wird, die Interaktion. Solange ein Kind stur macht was es will oder die Spieler gegeneinander arbeiten, wird die Kugel nie ihr Ziel erreichen. Es ist also notwendig, sich abzusprechen und eventuell zu akzeptieren, dass die Vorschläge eines Mitspielers zielführender sind als die eignen Ideen.

Wenn ein Kind alleine spielt, übt es, seine Bewegungen zu dosieren und schnell zu reagieren.

Himmel und Hölle

Material:	Straßenkreide, ausreichend Platz, ein kleiner Stein
Zeitaufwand:	20 Minuten
Alter:	ab 6 Jahren
Teilnehmer:	ab 1 Kind

Zunächst bereitet man ein Spielfeld vor. Dazu werden vier, sich berührende Quadrate in einer Reihe gezeichnet. An das dritte Quadrat zeichnet man rechts und links ein weiteres Quadrat an. Es entsteht die Form eines Kreuzes. Die Quadrate sollten so groß sein, dass ein Erwachsenen-Fuß bequem darin Platz findet.
In die Kästchen schreibt man die Zahlen eins bis sechs.
Der erste Spieler stellt sich vor das Spielfeld und wirft einen kleinen Stein in das Spielfeld mit der Nummer 1. Trifft er, stellt er sich auf ein Bein und hebt den Stein auf. Trifft er nicht, muss er es in der nächsten Runde erneut versuchen. In der zweiten Runde muss der Stein in das zweite Feld geworfen werden. Der Spieler springt mit einem Bein in das erste Feld, hebt den Stein auf, dreht um und hüpft zurück. In jeder weiteren Runde müssen die Spieler den Stein ein Feld weiter werfen und einen weiteren Weg hüpfen. Es gewinnt der Spieler, der als erstes den Stein aus dem sechsten Feld geholt hat.

⊙ Mit einem kleinen Ast kann das Himmel und Hölle Spielfeld auch auf sandigem Boden eingeritzt werden. So wird es zu einer Lockerungsübung bei längeren Autofahrten oder macht bei Wanderungen eine Pause für die Kids interessanter.

Variationen:
- Es besteht die Möglichkeit, das Spielfeld zu variieren. So werden zunächst drei Quadrate in einer Reihe gemalt. Daran schließen zwei Quadrate direkt nebeneinander an. Beim Springen ändert sich hier der Rhythmus – es wird nicht mehr einbeinig gesprungen, sondern hier landet jeder Fuß in einem Feld.
- Das erste Spielfeld wird mit „Erde" beschriftet, daran folgt der gewohnte Spielaufbau (vier aneinander hängende Quadrate mit zwei seitlichen Feldern am dritten Kästchen). Am Ende werden die Felder „Hölle" und „Himmel" angefügt. Das Spielfeld besteht nun also aus neun Feldern. Der Stein wird wie gewohnt geworfen, jedoch erst auf dem Rückweg eingesammelt. Die Felder „Erde" und „Hölle" dürfen dabei nie berührt werden, das Feld „Himmel" darf zum Ausruhen genutzt werden.
- Fehlerregeln: der nächste Mitspieler ist an der Reihe, wenn der Stein im falschen Feld landet oder man beim Springen einen Fehler macht (mit dem anderen Bein den Boden berührt, auf eine Linie tritt, ein Feld auslässt oder ein falsches Feld betritt oder den Stein vergisst).

ⓘ Dieser Spiele-Klassiker fördert die *Grobmotorik* und das Zahlenverständnis. Die Kinder trainieren ihre Muskulatur und das Gleichgewicht, da sie auf einem Bein die Balance halten müssen. Wenn sie sich dabei noch bücken müssen, verlagert sich der Körperschwerpunkt, was das Gleichgewicht noch stärker anregt. Beim Hüpfen müssen sie zudem zielgenau landen, beim Werfen ebenfalls ein Ziel anvisieren und die Bewegung des Armes auf dieses Ziel ausrichten. Dabei sind *Auge-Hand-Koordination* sowie Kraftdosierung gefragt, damit der Stein auch im vorgesehenen Feld landet.

Gummitwist

Material:	ca. 4 Meter langes Gummiseil mit verknoteten Enden (Hosengummi aus dem Supermarkt oder aus dem Spielzeugfachhandel)
Zeitaufwand:	15 Minuten
Alter:	ab 8 Jahren
Teilnehmer:	ab 1 Kind, am besten aber mit 3 Kindern

An diesen Spiele-Klassiker können Sie sich vielleicht noch aus Kindertagen erinnern. Der Name stammt vom dafür benutzten Spielgerät (Hosengummi) und dem Modetanz Twist (für die drehende Bewegung beim Spiel). Das Spiel ist für mindestens drei Teilnehmer gedacht und wird meist von Mädchen gespielt. Spielt man alleine oder zu zweit, benötigt man zum Befestigen des Gummibandes eine bzw. zwei Befestigungsmöglichkeiten (Stuhl, Mülltonne etc.) Über gewisse Grundregeln hinaus gibt es eine Vielzahl an Spielvariationen, Regeln und Begleitversen, die von Region zu Region variieren und meist mündlich überliefert wurden.

Grundregeln:
Das Gummiband wird um die Knöchel zweier Teilnehmer gespannt und gedehnt. Diese stehen sich, die Gesichter zugewandt, einander gegenüber. Ein dritter Mitspieler steht zwischen den beiden Spielern, in der gleichen Blickrichtung (er schaut also einen der Mitspieler an). Er hüpft nun in, auf oder zwischen diesem Gummiband in vorher verabredeten Rhythmen. Begeht er einen Fehler, so ist der Nächste an der Reihe. Gelingt ihm der fehlerfreie Ablauf, so wird der Schwierigkeitsgrad erhöht.

Sprungvarianten
Um die Sprungvarianten zu veranschaulichen, werden die Seile mit langen Strichen, die Füße mit kleinen Strichlein dargestellt.
- „Mitte" – die Füße landen in der Mitte zwischen den beiden Bändern [I ``I]
- „Grätsche" – beide Füße landen außerhalb des Gummis [´I I`]
- „Auf"- (meistens) ein oder beide Füße landen auf dem Gummi
- „Raus" – man landet bei diesem Schlusssprung auf einer Seite außerhalb des Bandes [``I I]

Neben diesen klassischen Sprungvarianten gibt es die Möglichkeit, Drehungen einzubeziehen oder das Gummiband beim Springen „mitzunehmen", so dass es auf einer Seite das gespannte Band kreuzt.

Schwierigkeitsgrade

Der Schwierigkeitsgrad kann durch die Höhe und die Weite verändert werden. In der Grundstellung sind die Beine hüftbreit auseinander, das Band verläuft auf Knöchelhöhe. Um es schwieriger zu machen, kann das Band auf Höhe der Wade, der Kniekehle oder um die Hüften verlaufen. Zudem können die Kinder die Beine geschlossen oder weit gegrätscht halten. Als schwierigste Variante besteht die Möglichkeit, dass die Kinder die das Gummiband halten, im gleichen Rhythmus die Beine öffnen und schließen, so dass der Gummitwist ständig in Bewegung ist.

Sprungabfolgen und Verse

Ein althergebrachter Vers, der die Sprünge ansagt, lautet: *Seite, Seite, Mitte, Breite, – Seite, Seite, Mitte, Raus*, wobei man bei *Seite, Seite* so springen muss, dass man jeweils links und rechts das Gummiseil zwischen den Beinen hat. Bei *Mitte* springt man mit beiden Füßen in das gespannte „Rechteck" und bei *Raus* wird es wiederum springend verlassen.

hau (ˈlˋl) hau (ˈlˋl) ruck (lˋlˋ) ruck (lˋlˋ)

donald (ˈlˋl) donald (ˈlˋl) duck (lˋlˋ) duck (lˋlˋ)

mickey (ˈlˋl) mickey (ˈlˋl) maus (lˋlˋ) maus (lˋlˋ)

rein (l„l) rein (l„l) raus (ˈll`) raus („ll)

Salat (l„l) jeden (,l,l) Tag (l,l,) Salat (l„l)

Montag (,l,l) Dienstag (l,l,) Mittwoch (,l,l)

Donnerstag (l,l,) Freitag (,l,l) Samstag (l,l,)

Sonntag (,l,l) jeden (l,l,) Tag (,l,l) Salat (l„l)

Peter Alexander (l"l) Füße auseinander (ˈll`)

Füße wieder zu (l"l) wie alt (l'l') bist du ('l'l)

ℹ️ Dieser Spiele-Klassiker trainiert die *Grobmotorik*. Es werden Körperkoordination, Geschicklichkeit, Rhythmus und Bewegungsfluss angesprochen. Die Kinder benötigen eine gute Körpereigenwahrnehmung, um ihre Sprünge zeitlich und motorisch so zu planen, dass sie zum einen im Takt bleiben, zum anderen aber auch immer dem gewünschten Sprungablauf entsprechen. Dabei müssen die Kids darauf achten, nicht zu hoch zu springen und ihre Bewegungen abzustufen, damit sie schnell wieder die nächste Bewegung einleiten können. Vereinbaren die Kinder einen bestimmten Rhythmus, so muss sich dieser gemerkt und in der richtigen Reihenfolge wiedergegeben werden.

Spiele mit Kartoffeln (oder verschiedenen kleinen Bällen)

Im Folgenden stellen wir einige Spiele vor, für die man Schnur, Löffel und Kartoffeln braucht. Es bietet sich an, solche Spiele zu kombinieren und zum Beispiel einen „Kartoffelnachmittag" zu gestalten oder damit mehrere Wettspiele für ein Kinderfest zu gestalten. Wenn man die Kartoffeln nach den Spielen nicht mehr essen möchte, können die Kinder zum Abschluss des Tages noch einige Kunstwerke mit Kartoffeldruck gestalten (Material dazu: Kartoffeln, kleine Messer und evtl. Ausstechförmchen, Papier, Wasser- oder Plakatfarben, Pinsel, Wasser, Behälter und Malkittel).

Kartoffelparcours

Material:	eine Kartoffel oder ein Tennisball, Wolle, Haushaltsschnur oder ähnliches zum Markieren eines Parcours (Klebeband, Straßenkreide)
Zeitaufwand:	ca. 15 Minuten
Alter:	ab 6 Jahren
Teilnehmer:	ab 2 Mitspieler

Mit Wolle, Schnur oder Seil wird ein Parcours gelegt, den die Kinder barfuß und am besten mit kurzen Hosen entlang hüpfen können. Nach einem Testlauf mit beiden, und dann mit einem Bein, klemmt ein Kind eine Kartoffel in die Kniekehle des angewinkelten Beins ein. Das Kind hüpft nun den Parcours entlang wie vorher, muss aber darauf achten, dass die Kartoffel nicht auf den Boden fällt.

ⓘ Dieses Spiel trainiert die *Grobmotorik*. Es werden Kraft, Geschwindigkeit und Ausdauer angesprochen. Die Kinder üben ihr Gleichgewicht beim Einbein-Sprung zu halten. Um die Kartoffel in der Kniekehle zu halten, müssen die Kids ihre Muskulatur differenziert anspannen und die Spannung über einen gewissen Zeitraum halten.

Kartoffeltransporter

Material:	einige Kartoffeln oder Tennisbälle, Schnur, Kreppklebeband oder Kreide zum Markieren eines Parcours
Zeitaufwand:	ca. 15 Minuten
Alter:	ab 5 Jahren
Teilnehmer:	ab 2 Mitspieler

Mit Schnur, Kreide oder Klebeband einen mindestens 50 cm breiten Parcours markieren. Die Kinder setzen sich an den Startpunkt, am besten barfuß. Die Knie nach außen fallen lassen, so dass die Fußsohlen zueinander zeigen. Den Ball oder die Kartoffel zwischen die Fußsohlen klemmen. Auf ein Startzeichen hin, bewältigen die Kinder auf dem Po rutschend den Parcours. Die Hände dürfen zu Hilfe genommen werden, um sich damit vom Boden abzustützen. Die Kartoffel soll ausschließlich von den Fußsohlen gehalten werden.

ℹ️ Mit diesem Spiel verbessern die Kinder ihre *Grobmotorik*. Die Kartoffel zwischen den Fußsohlen zu halten, erfordert gut dosierte Kraft und eine gewisse Ausdauer. Zudem müssen beide Beine koordiniert zusammenarbeiten. Die Kinder bewegen sich in einem völlig ungewohnten Bewegungsablauf vorwärts, was ihnen viel motorische Planung abverlangt. Wenn sie sich mit den Händen vom Boden hoch stützen, wird zudem die Muskulatur im Rücken und in den Armen trainiert.

Kartoffelernte

Material:	Kartoffeln, Esslöffel, Behälter (z. B. Topf, Eimer oder Schüssel)
Zeitaufwand:	ca. 10 Minuten
Alter:	ab 6 Jahren
Teilnehmer:	ab 2 Personen

Die Kartoffeln waschen und im Zimmer verteilen. Auf ein Kommando hin dürfen die Kinder die Kartoffeln mit den Löffeln aufnehmen und in die Behälter bringen. Dabei darf jeder nur einen Esslöffel benutzen und die freie Hand nicht zu Hilfe nehmen.

Ein Wettspiel wird daraus, wenn man zwei Mannschaften bildet und zwei Behälter zur Verfügung stellt. Auf einen Startschuss hin, beginnen die Mannschaften die Kartoffeln einzusammeln, nach jedem „Erntevorgang" wechseln die Spieler innerhalb der Mannschaften ab. Wer nach einer bestimmten Zeit (2 bis 3 Minuten, je nach Menge der Kartoffeln und Alter der Kinder) die meisten Kartoffeln in den Mannschaftseimer ernten konnte, hat gewonnen.

ⓘ Die „Kartoffelernte" ist eine Beschäftigung mit positivem Einfluss auf die *Grob- und Feinmotorik*. Beim Auflesen der Kartoffeln mit dem Löffel müssen die Kinder ihre Bewegungen genau abstufen und die Kraft sehr gut dosieren. Am besten gelingt dies mit einer *Supinations*-Bewegung (Umwendebewegung im Unterarm). Während des Transports zum Behälter muss die Kartoffel ruhig gehalten werden. Dabei dürfen auch die Körperbewegungen nicht ruckartig sein. Am besten gelingt der Transport mit flüssigen aber langsamen Bewegungen, die gut koordiniert und abgestuft werden.

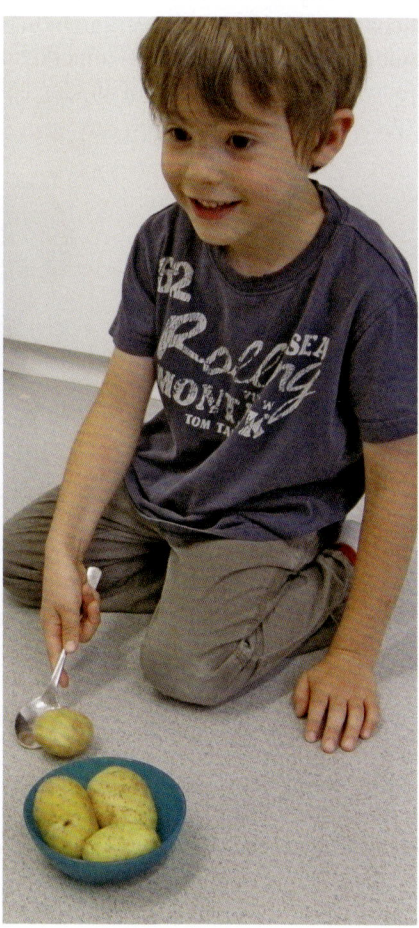

Kartoffelfechten

Material:	mindestens 2 Kartoffeln, Esslöffel
Zeitaufwand:	5 Minuten
Alter:	ab 5 Jahren
Teilnehmer:	mindestens 2 Mitspieler

Zwei Spieler stellen sich einander gegenüber auf. Jeder hält einen Esslöffel in der Hand, auf den eine Kartoffel gelegt wird. Die zweite Hand wird hinter dem Rücken versteckt. Wer schafft es, die Kartoffel des anderen vom Löffel zu schubsen, ohne dass die eigene Kartoffel fällt?

ℹ️ Ziel dieser Spiele ist es, die *Grobmotorik* zu trainieren und Spaß an Bewegung zu vermitteln. Die Kartoffel auf den Löffel zu bringen, erfordert einige Geschicklichkeit; um sie nicht zu verlieren, müssen die Kinder das Ausmaß ihrer Bewegungen dosieren und ihre Aufmerksamkeit auf den Löffel richten. Beim Kartoffelfechten kommt es darauf an, den Löffel ruhig zu halten und den Gegenspieler stets im Auge zu behalten.

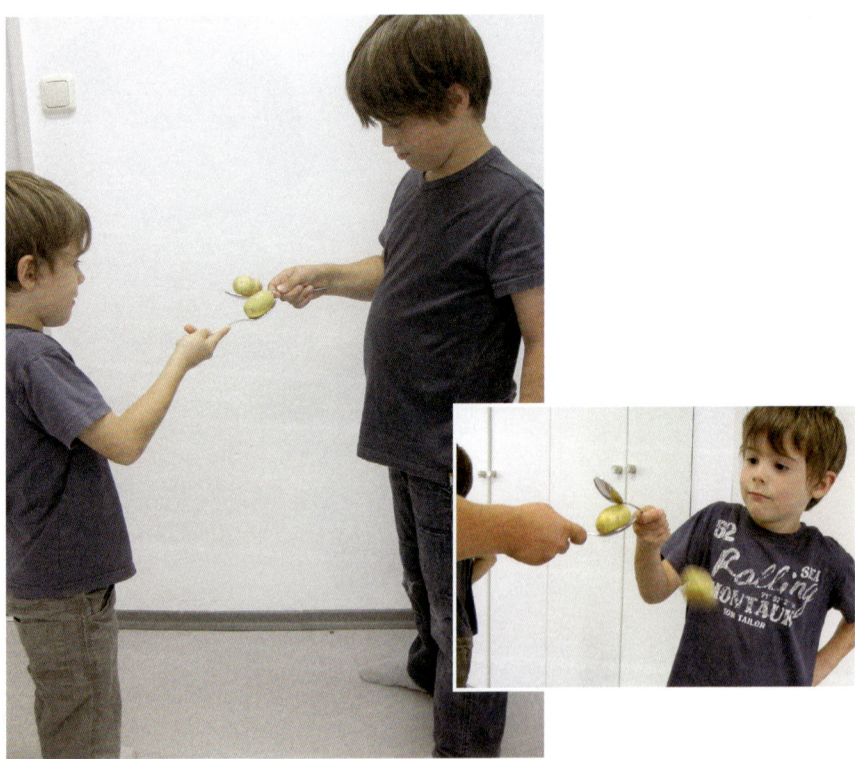

Kartoffel-Tango

Material:	Feinstrumpfhose, Kartoffel, Kreppband, Tennisball
Zeitaufwand:	20 Minuten
Alter:	ab 8 Jahren
Teilnehmer:	ab 2 Personen

Ein Tennisball wird in ein Bein der Strumpfhose gesteckt, bis er unten am Fuß ist. Mit dem anderen Bein wird die Strumpfhose um die Hüfte des Kindes befestigt, so dass das Bein mit dem Tennisball hinten zwischen den Beinen des Kindes herunterhängt. Markieren Sie mit Kreppband ein quadratisches Ziel-Feld auf dem Boden. Das Kind stellt sich ca. 5 Meter vom Ziel entfernt auf. Legen Sie ihm eine Kartoffel vor die Füße. Diese soll nun ins Ziel transportiert werden, indem sie mit dem Tennisball angeschoben wird. Sie werden sehen, dabei entstehen die lustigsten Bewegungen.
Kartoffel-Tango eignet sich auch als Wettbewerbsspiel, wenn Sie mehrere Kinder gleichzeitig antreten lassen. Dabei bekommt jeder seine eigene Kartoffel. Es gewinnt, wer diese als erstes ins Ziel-Feld geschubst hat.

ⓘ Bei diesem Spiel steht der Spaß an Bewegung im Vordergrund. Die Kids machen ganz neue Bewegungserfahrungen, die kaum mit bekannten Bewegungsabläufen verknüpft werden können. Sie müssen lernen, durch Körperbewegungen Einfluss auf den Tennisball zu nehmen, dessen Bewegungsausmaß und seine Geschwindigkeit zu kontrollieren.

Murmel-Ralley

Material:	Bausteine, Murmel oder Gummiball, Pinsel, Kreppband, Holzstückchen oder Frühstücksbrettchen
Zeitaufwand:	15 Minuten
Alter:	ab 6 Jahren
Teilnehmer:	ab 1 Person

Aus den Bausteinen wird auf dem Tisch eine runde Rennstrecke aufgebaut. Diese sollte rechts und links abgegrenzt, die Spur ca. 5cm breit sein. An einigen Stellen können Hindernisse in die Rennstrecke oder Brücken über die Spur gebaut werden.

Markieren Sie einen Start und Zielpunkt. Dort legt sich das Kind die Murmel hin und beginnt, sie mit dem Pinsel durch die Rennstrecke zu treiben. Die Murmel soll dabei die Umrandung nicht berühren.

Zwei bis vier Kinder können einen Wettstreit daraus machen, wenn jeder eine farblich erkennbare Murmel bekommt. Ein Spieler beginnt und darf die Murmel so weit antreiben, bis sie den Rand berührt. Die Murmel bleibt liegen und der nächste Spieler ist an der Reihe. Es gewinnt, wer als erstes seine Murmel über die Zielmarkierung getrieben hat.

➡ Je nach Beschaffenheit des Tisches kann es sein, dass die Murmel sehr leicht davonrollt. Wenn sie dadurch stets am Rand anstößt, ist es leichter, einen Gummiball zu wählen!

ℹ Dieses Spiel fördert die *Feinmotorik*. Die Kinder schulen ihre *Auge-Hand-Koordination*, das Abstufen der Bewegungen und die Kraftdosierung. Den Pinsel greifen die Kinder wie einen Stift und üben so auch ihre Stifthaltung. Im Spielverlauf müssen die Kinder ihre Körperposition immer wieder an die „Rennstrecke" anpassen und ggf. die Körpermittellinie kreuzen.

Mühlesteinschießen

Material:	Mühlesteine a. d. Spielesammlung, eine Zielscheibe aus Papier (Papier, runde Vorlagen und Buntstifte)
Zeitaufwand:	10 Minuten
Alter:	ab 6 Jahren
Teilnehmer:	ab 2 Spieler

Zunächst wird die Zielscheibe vorbereitet. Dafür werden auf einem DIN A 4 Blatt Papier zwei bis drei immer kleiner werdende Kreise ineinander aufgezeichnet. Der dadurch entstandene äußere Ring wird blau ausgemalt, der innere Ring gelb und der Kreis in der Mitte rot. Verwendet man nur zwei Kreise, wird der Rand des Blattes blau angemalt.

Die Zielscheibe wird auf einen Tisch oder den Boden gelegt. Die Spieler versuchen nun, die Mühlesteine mit Daumen und Zeige- oder Mittelfinger zu schnipsen, so dass die Steine möglichst im roten Zielfeld des Papiers liegen bleiben. Zuerst dürfen beide Spieler einige Probeschüsse abgeben, dann werden weiße und schwarze Steine zwischen den Spielern aufgeteilt. Der Spieler mit den weißen Steinen beginnt. Bleibt der Mühlstein im roten Feld liegen, gibt das 10 Punkte, im gelben Feld 5 Punkte und im blauen Feld nur 2 Punkte. Wer nach 3 Versuchen die meisten Punkte gesammelt hat, hat das Spiel gewonnen.

ℹ️ Dieses Spiel trainiert die *Feinmotorik*. Zum Schnipsen müssen die Kinder die Bewegungen ihrer Finger differenzieren und gezielt Daumen und Langfinger zusammen bringen. Dann ist es natürlich wichtig, dass die eingesetzte Kraft gut dosiert wird. Die Kinder müssen abschätzen, wie viel Kraft sie gerade eingesetzt haben, ob es zu viel oder zu wenig war und dann versuchen, die Kraft anzupassen. Um den Spielstein möglichst mittig zu platzieren, ist es notwendig, die Bewegung mit dem gesehenen Eindruck abzugleichen (Auge-Hand-Koordination).

Der Mühlenturm

Material:	Mühlesteine aus der Spielesammlung
Zeitaufwand:	einige Minuten
Alter:	Ab 6 Jahren
Teilnehmer:	1 bis 2 Spieler

Dieses Spiel kann ein Spieler alleine spielen. Dabei versucht man, einen möglichst hohen Turm zu bauen, indem man die Mühlesteine übereinander stapelt.

Spannender wird das Spiel aber zu zweit: Ein Spieler nimmt die weißen, der andere die schwarzen Steine. Weiß beginnt und legt den Grundstein. Nun wechseln sich die Spieler ab und legen jeweils einen ihrer Steine auf den Turm. Wer den Turm schließlich dabei zum Umfallen bringt, hat die Runde verloren.

Schwieriger wird das Spiel, wenn man alle Finger am Turmbau beteiligt. Der erste Mühlestein wird mit Daumen und Zeigefinger im gewohnten Pinzettengriff genommen. Beim zweiten Stein greifen nun aber Daumen und Mittelfinger zu. Es folgen die Greifformen Daumen + Ringfinger und Daumen + Kleiner Finger. Das Kind kann selbst experimentieren: mit welchen Fingern kann ich den höchsten Turm bauen und welche Greifform ist am schwierigsten?

ℹ️ Dieses Spiel trainiert die *Feinmotorik*. Die Kinder schulen beim Auflegen der Mühlesteine ihre *Auge-Hand-Koordination*. Sie führen die Hand zielgerichtet zum obersten Stein, müssen die Bewegung aber stets mit den gesehenen Eindrücken abgleichen, um den Turm nicht versehentlich umzustoßen. Die unterschiedlichen Greifformen trainieren die Differenzierung der Fingerbewegungen. Je weniger sich das Kind auf die Greifform konzentrieren muss, desto besser gelingt es ihm bereits, Fingerbewegungen automatisiert durchzuführen – eine elementare Grundlage für das Schreiben!

Mühlesteinpusten

Material:	Spielsteine aus dem Mühle- oder Damespiel, Bauklötze oder Dominosteine
Zeitaufwand:	ca. 20 Minuten
Alter:	ab 5 Jahren
Teilnehmer:	1 bis 2 Kinder

Mit Bauklötzen oder Dominosteinen wird auf dem Tisch ein ca. 50 cm langer Parcours mit Start und Zielpunkt aufgebaut. Ein Mühlestein soll nun durch den Parcours gepustet werden. Dabei dürfen die Kinder die Hände seitlich abstützen, aber nicht den Mühlestein berühren. Nach Belieben können kleine Hindernisse in die Bahn eingebaut werden, die „umpustet" werden müssen.

ⓘ Dieses Spiel trainiert die *Feinmotorik* im Sinne der Mundmotorik. Es führt zu einer Verbesserung der Geschicklichkeit, Beweglichkeit und Koordinationsfähigkeit von Zunge und Lippen. Während des Sprechens müssen Zunge und Lippen in Sekundenschnelle ihre Stellung wechseln, um die richtige Position für die Bildung der Laute einzunehmen. Die Geschicklichkeit im Gebrauch der Sprechwerkzeuge ist daher notwendig, um Laute richtig bilden und deutlich sprechen zu können.

Mühlesteinkegeln

Material:	Spielsteine aus dem Mühle- oder Damespiel, 4–8 Spielsteine aus dem Mensch ärgere Dich nicht, Blauklötze oder Dominosteine, evtl. Korken
Zeitaufwand:	20 Minuten
Alter:	ab 6 Jahren
Teilnehmer:	ab 1 Kind

Aus Dominosteinen oder Bauklötzen wird eine gerade „Kegelbahn" von ca. 50 cm Länge gebaut. Die Plastikspielmännchen werden in einer kleinen Gruppe am Ende der Bahn aufgestellt. Die Mühlesteine werden auf den Rand gestellt, wie kleine Räder und dann vorsichtig mit einem Finger angeschubst, so dass sie auf die Kegel zu rollen. Jeder Spieler erhält eine Farbe der Mühlesteine und hat drei Versuche. Wer dabei die meisten Kegel trifft, hat gewonnen. Das Antreiben der Mühlesteine ist je nach Untergrund nicht ganz einfach!

Eine etwas leichtere Variante ist es, anstelle der Plastikfigürchen Korken aufzu-
stellen und die Mühlesteine flach mit Daumen und Mittelfinger zu schnipsen.
Als weitere Variante kann man auch, sozusagen als Trainingslauf ausprobieren,
wer die Mühlesteine am weitesten rollen kann.

ℹ Mühlesteinkegeln trainiert die *Feinmotorik*. Es wird ganz intensiv die Kraftdosierung geschult, da die eingesetzte Kraft bei dieser Beschäftigung eine zentrale
Rolle spielt. Gehen die Kinder zu ungestüm vor, kippt der Stein leicht um.
Schubst man ihn aber zu wenig an, so erreicht er das Ziel nicht. Beim Schubsen
und Schnipsen üben die Kinder, einzelne Finger isoliert von den anderen zu bewegen, sowie Fingerbewegungen auf gesehene Eindrücke abzustimmen.

Papierflieger basteln

Material:	Papier, am besten in der Größe A4, kann auch bereits bedruckt sein
Zeitaufwand:	ab 5 Minuten
Alter:	ab 5 Jahren
Teilnehmer:	ab 1 Kind

Für einen einfachen Papierflieger wird ein DIN A4 Blatt einmal längs gefaltet und dann wieder geöffnet. Nun faltet man eine Spitze, indem man die oberen Kanten jeweils zum Mittelfalz bringt. Das Blatt sieht nun wie ein Haus aus, das Dach ist in einem Winkel von 45° geneigt. Dann wiederholt man den Vorgang und faltet die Kanten (die Außenseiten des Daches) zur Mittellinie. Den Flieger nun an der Mittellinie längs falten und noch auf beiden Seiten die Flügel nach unten falten. (siehe Fotos). Entstanden ist ein Düsenjet, den man mit Schwung werfen kann.

Einen Loopingflieger faltet man so: Die kurze Kante eines DIN A 4 Blattes an eine lange Seite bringen. Dabei entsteht ein gefaltetes Dreieck (doppelt gelegtes Papier) mit einem rechteckigen Anhängsel (einfaches Papier). Das Dreieck nun halbieren, indem man die Spitze der langen Seite auf die andere Spitze der langen Seite faltet. Nun sieht es aus, als hätte man ein Haus mit Dach gefaltet. Die obere Lage des Dreiecks (Dachs) wieder halbieren. Dafür legt man die offene linke oder rechte Spitze des Dachs auf die jeweils andere. Wieder Öffnen. Das nun leicht nach oben stehende Dreieck wird platt nach unten gedrückt, der Falz bleibt in der Mitte und es entsteht eine Rhombus Form (die wie ein Drache

aussieht). Nun wird das Faltwerk in der Mitte zusammengefaltet und die Flügel entgegen des Mittelfalzes nach unten geklappt.
Loopingflieger werden mit etwas mehr Gefühl geworfen.

Wenn die Kinder gerne mit Papierfliegern spielen, lohnt sich vielleicht die Anschaffung eines Papierfliegerbastelbuchs. Es gibt unendlich viele Modelle, einige eignen sich auch für draußen. Es braucht viele Probewürfe, um herauszufinden, welcher Flieger am besten fliegt und wie man ihn am besten wirft.

ⓘ Das Basteln von Papierfliegern trainiert die *Feinmotorik* und die *Kognition* der Kids. Beim Falten setzen sie zwangsläufig beide Hände ein und lernen, diese koordiniert zusammenarbeiten zu lassen. Die Papierflieger werden nur dann ordentlich und damit flugtauglich, wenn sehr exakt gearbeitet wird. Die Kinder trainieren also ihre *Auge-Hand-Koordination,* wenn sie Spitze auf Spitze bringen oder Seite an Seite legen müssen. Gleichzeitig schulen sie ihr räumliches Vorstellungsvermögen und ihre Merkfähigkeit. Die Anleitung zum Falten müssen die Kinder entweder von einem verbal gestellten Auftrag in eine Handlung übertragen, oder aber sie schauen an einem zweiten Objekt zu, müssen dann aber dennoch den Übertrag auf ihr Blatt schaffen.

Stift-Wettrennen

Material:	zwei Blätter Papier oder fertige Nachspur-Aufgaben, zwei Würfel, zwei Stifte, evtl. ein Geschirrtuch
Zeitaufwand:	max. 10 Minuten
Alter:	ab 5 Jahren
Teilnehmer:	2 Kinder

Bereiten Sie zwei Blätter vor, indem Sie einen „Slalomparcours" oder eine Art Labyrinth aufzeichnen, oder kopieren Sie eine Nachspur-Aufgabe aus einem Malblock mit grapho-motorischen Übungen. Markieren Sie ggf. einen Start- und einen Zielpunkt.
Ziel des Spieles ist es, die Strecke möglichst schnell und dennoch sorgfältig mit dem Stift nachzufahren. Gespielt wird mit zwei Spielern. Während ein Spieler die Strecke mit dem Stift nach spurt, würfelt der andere mit einem Würfel. Sobald der würfelnde Spieler eine eins oder eine sechs wirft, werden die Rollen gewechselt. Der gerade noch malende Spieler beginnt zu würfeln, während der Spieler, der gewürfelt hat nun beginnt, seine Spur nachzufahren. Es gewinnt der Spieler, der mit seinem Stift als erster das Ziel erreicht. Natürlich ist dabei aber auch wichtig, dass er der Spur sorgfältig gefolgt ist!

⊙ Um das Spiel schwieriger zu machen, legen Sie ein gefaltetes Geschirrtuch unter das Blatt und verwenden einen frisch gespitzten Stift. Nun besteht die Gefahr, dass Löcher im Papier entstehen, wenn man zu stark aufdrückt.

ℹ Dieses Spiel trainiert die *Feinmotorik*. Die Kinder schulen ihre *Auge-Hand-Koordination,* da sie versuchen müssen, mit dem Stift eine vorgegebene Spur zu verfolgen. Arbeitet man mit dem Geschirrtuch, bekommen die Kinder ein sofortiges Feedback, wenn der ausgeübte Druck zu stark ist – es entsteht ein Loch. Durch den Wettkampf-Charakter trainieren die Kids zudem ihre Geschwindigkeit und die Fähigkeit, Tätigkeiten zu wechseln. Wichtig ist auch, dass die Kinder aufmerksam bleiben und auf die gewürfelten Zahlen achten. So wird nebenbei auch das Würfelschema gefestigt.

Kumihimo Flechtbänder

Material:	stabiler Pappkarton (oder fertige Kumihimo-Scheibe aus dem Handel), Schere, Bänder oder Kordeln
Zeitaufwand:	ca. 45 Minuten
Alter:	ab 8 Jahren

Unter Kumihimo versteht man eine japanische Flechtkunst mit langer Tradition. Für den Bastelbedarf findet man im Handel fertige Kumihimo-Scheiben aus Plastik. Für weniger aufwändige Flechtungen ist aber möglich, sich eine solche Scheibe aus stabilem Pappkarton selbst anzufertigen. Dazu wird ein Kreis mit 10 cm Durchmesser ausgeschnitten. Auf diesem Kreis werden 16 Punkte in regelmäßigem Abstand markiert.

Um die Punkte regelmäßig zu verteilen, halbieren Sie den Kreis erst, vierteln ihn dann. Nun wird jedes Viertel nochmal geteilt, Sie haben also schon acht Markierungen. Die entstandenen Kreissegmente halbieren Sie ein weiteres Mal und damit sind 16 regelmäßige Markierungen entstanden!

An den Punkten wird die Scheibe jeweils einen halben Zentimeter tief eingeschnitten, so dass kleine Kerben entstehen. In der Mitte der Scheibe wird ein kleiner Kreis ausgeschnitten.
Nun werden die vier Bänder zurechtgeschnitten, aus denen das Band geflochten werden soll. Jedes dieser Bänder sollte viermal so lang sein wie die gewünschte spätere Länge des Bandes. Anfangs empfiehlt es sich, mit zwei Farben zu arbeiten. Hier wird die Anleitung mit zwei schwarzen und zwei weißen Bändern beschrieben.
Die vier Bänder werden zusammengefasst und genau in der Mitte miteinander verknotet. Es entstehen eine kleine Schlaufe an einem Ende (das Knoten-Ende) und acht Bänder am anderen Ende. Vier der Bänder sind weiß, die anderen vier schwarz. Die Bänder werden nun durch das Loch in der Scheibe gefädelt, der Knoten muss direkt an der Scheibe in der Mitte des Loches liegen.

Nun beginnt man zu flechten: Zwei weiße Bänder werden in zwei nebeneinander liegende Kerben gelegt. Die beiden anderen weißen Bänder legt man in die beiden Kerben, genau auf der Gegenseite der Scheibe. (Denken Sie an die Halbierung des Kreises, als Sie die Markierungen angebracht haben!) Die schwarzen Bänder werden waagrecht positioniert. Auf der Scheibe befinden sich nun zwei weiße Bänder, dann folgen zwei freie Kerben, dann zwei schwarze Bänder, wieder zwei freie Kerben folgen darauf. Dann zwei weiße Bänder und nach zwei weiteren leeren Kerben die schwarzen Bänder.

Geflochten wird nun, indem die Bänder stets auf die Gegenseite gelegt werden und die Scheibe nach jedem Flechtvorgang um eine Vierteldrehung im Uhrzeigersinn gedreht wird.

Zuerst wird also das rechte obere weiße Band nach unten rechts neben das rechte untere weiße Band gesteckt (unten sind in diesem Moment drei Bänder) und das linke untere weiße Band nach oben links neben das weiße Bande gesteckt (jetzt sind oben und unten wieder je zwei Bänder!). Dann wird die Scheibe eine Vierteldrehung gedreht, so dass nun die schwarzen Bänder oben sind. Der Flechtvorgang bleibt immer gleich. Nun wird also das rechte der oberen schwarzen Bänder nach unten gesteckt und rechts der beiden schwarzen Bänder eingelegt. Das linke schwarze Band stecken Sie nach oben, links von dem schwarzen Band, das dort steckt. Sind beide gleichfarbigen Bänder bewegt worden, drehen Sie die Scheibe eine Vierteldrehung im Uhrzeigersinn. So geht es immer weiter, bis das Flechtband die gewünschte Länge erreicht hat. Das Band wächst dabei nach und nach durch das Loch in der Scheibe nach unten.

Zum Schluss die Enden der Bänder fest verknoten und das fertige Kumihimo durch das Loch nach unten herausziehen.

🟢 Für Kinder ist es eine Hilfe, die Drehrichtung mit einem Pfeil zu markieren! Sollten Sie die Arbeit an dem Band unterbrechen, ist es dringend erforderlich, zu markieren, welche Fäden sie als nächstes bewegen müssen. Anfänger können das am Muster kaum erkennen!

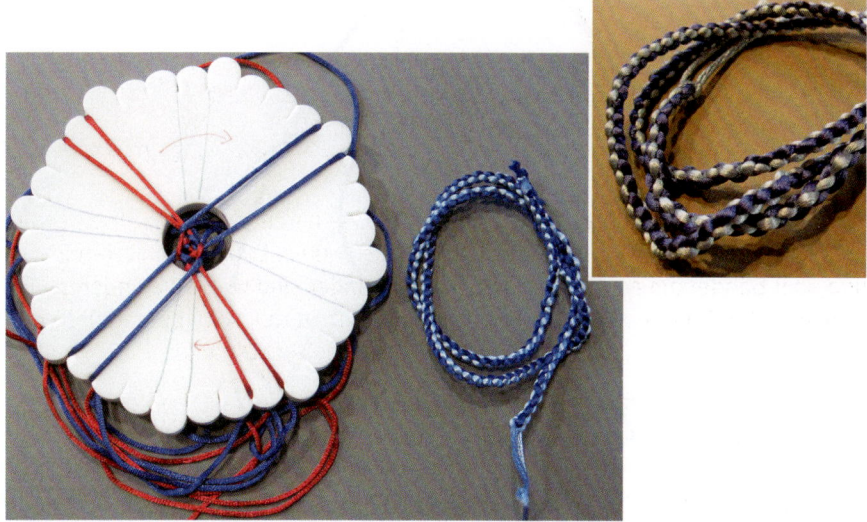

🟢 Wenn Sie bereits beim Verknoten der Bänder, also noch bevor Sie diese in die Scheibe einlegen, einen Schlüsselring oder einen kleinen Karabiner einknoten, lassen sich die Kumihimo Bänder als (Schlüssel)Anhänger verwenden. Ansonsten sind sie natürlich als klassische Freundschaftsbänder oder auch als Kette zu gebrauchen.

ℹ️ Die Herstellung eines Kumihimo Bandes fördert die *Feinmotorik* und die *Kognition*. Beim Flechten werden sequentielle Leistungen gefordert, die zum einen verstanden, aber auch manuell umgesetzt werden müssen. Dies fordert anfangs ein großes Maß an Konzentration und Aufmerksamkeit. Es wird aber auch das koordinierte Zusammenspiel beider Hände und das gezielte Greifen trainiert. Wichtig ist zudem, dass der Krafteinsatz dosiert wird. Am schönsten wird das Band, wenn mit regelmäßigem Zug gearbeitet wird.

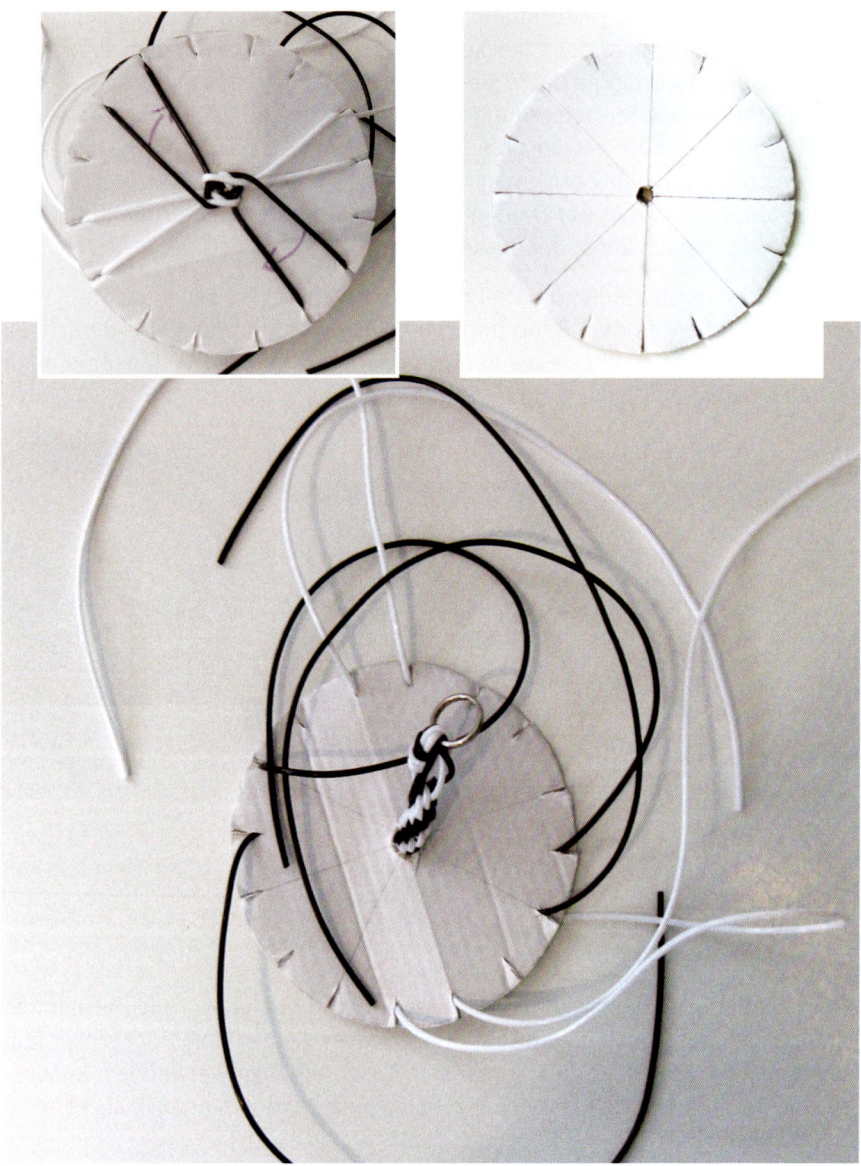

Die Schneeballschlacht bei jedem Wetter

Material:	alte Zeitungen
Zeitaufwand:	ca. 15 Minuten
Alter:	ab 5 Jahren
Teilnehmer:	ab 2 Personen

Aus einer oder mehreren Zeitungen wird zunächst Munition geformt. Jeweils eine Zeitungsseite wird dazu zerknüllt und zu einer Kugel geformt, die mindestens 5 cm Durchmesser hat (andernfalls besteht die Gefahr, dass die Bälle hart werden). Die Zeitungsbälle werden gerecht aufgeteilt und die gegnerischen Mannschaften stellen sich im Abstand von einigen Metern einander gegenüber auf. Je älter die Kinder sind, desto größer sollte die Lücke zwischen den Mannschaften sein. Auf ein Startsignal hin geht es los und die Kontrahenten dürfen sich mit den Schneebällen aus Zeitungspapier bewerfen. Das Spiel endet, wenn beide Mannschaften ihre Munition verschossen haben.

Praxistipp: Um die Zeitungsbälle wieder einzusammeln, stellen Sie den Mannschaften je eine Papiertüte zur Verfügung. Nun werden auf Kommando alle Bälle eingesammelt, der Spieler, dessen Papiertüte am vollsten ist, hat gewonnen.

Dieses Spiel bringt Kinder in Bewegung und trainiert somit ihre *Grobmotorik*. Die Kids greifen nach den am Boden liegenden „Schneebällen", werfen zielgerichtet und weichen gegnerischen Kugeln aus. Das fördert die Ausdauer und Schnelligkeit der Kinder. Beim Versuch, die Gegner zu treffen, verbessern die Kinder ihre Auge-Hand-Koordination und die Kraft des Wurfarmes.

Blüten aus Tortenspitzen

Material:	Tortenspitzen aus Papier, eventuell in verschiedenen Farben, Schere, Klebestreifen, Blumendraht
Zeitaufwand:	ca. 5 bis 10 Minuten pro Blüte
Alter:	ab 5 Jahren
Teilnehmer:	ab 1 Kind

Tortenspitzen sind die Papierunterlagen für Kuchen und Torten, die man im Supermarkt kaufen kann. Meist sind sie in der Nähe der Backzutaten zu finden. Es gibt sie in verschiedenen Farben, aber auch rein weiße Blüten sind sehr schön anzusehen.

Die Tortenspitze wird auf ein Viertel zusammengefaltet und dann der innere glatte Teil bis auf ca. 3 – 4 cm abgeschnitten. Wenn man das Werkstück auseinander faltet, hat man einen Ring mit Spitze und ein wenig glattem Papier daran. Den Ring aufschneiden. Nun nimmt man das eine Ende und beginnt, das Papier fächerartig zusammenzufalten. Die Fächerabteile sollten 0,5 – 1cm breit sein, das letzte Stück wird ohne Falten um die Blume herumgeführt, um sie einzufassen. Die Tortenspitzen sollen nun leicht gewellt eine Blume ergeben, die glatte Seite des Papiers fest zusammendrücken und mit Klebefilm sichern. Befestigt man noch ein Stück Blumendraht an der Blüte, kann man sie zum Beispiel an einem Zweig anbringen oder mehrere Blüten zu einem Strauß zusammenfassen.

Die Herstellung von Tortenspitzen-Blüten schult die *Feinmotorik* und die *Kognition*. Im Schulalter wird es immer wichtiger, Arbeitsaufträge auszuführen, die rein verbal gestellt wurden. Bei kleinen Bastelarbeiten kann man die Kinder in dieser Hinsicht fördern: erklären Sie die Arbeitsschritte, machen Sie sie aber nicht immer auch gleich vor, sondern geben Sie dem Kind die Möglichkeit, Anleitungen, die es gehört hat, in Handlungen umzusetzen. Der Lerneffekt ist bei Bastelarbeiten und kleinen handwerklichen Beschäftigungen oft größer, da die Kinder motiviert sind, zu einem schönen Ergebnis zu kommen.
Zudem trainiert diese Bastelarbeit die Feinmotorik. Die Kinder arbeiten bimanuell, setzen also eine Hand zum Halten und anpassen ein, während die andere Hand wichtige Arbeitsschritte ausführt. Um eine schöne Blüte zu erzeugen, sind Kraftdosierung und Auge-Hand-Koordination wichtig.

Kordeln drehen

Material:	Wolle in verschiedenen Farben
Zeitaufwand:	ca. 10 Minuten pro Kordel
Alter:	ab 6 Jahren
Teilnehmer:	ab 1 Kind

Um eine Kordel von ca. 1 m Länge zu drehen, braucht man 3 bis 4 mindestens 3 m lange Wollstücke. Die Fäden werden zusammengefasst und an einem Ende befestigt. Dazu eignet sich zum Beispiel der Griff eines gekippten Fensters, der nach oben zeigt (dann kann die Befestigung nicht so leicht abrutschen.)
Das andere Ende der Wollfäden nimmt man in die Hand, so dass es eine gerade, aber nicht stramm gespannte, direkte Linie von der Befestigung zur Hand ergibt. Die Enden, die man in der Hand hält, sollten mit einem Knoten gesichert werden. Dann dreht man die Wolle immer in eine Richtung, also im Uhrzeigersinn oder dagegen und zwar so lange, bis die Fäden fest verdreht sind. Ein gutes Anzeichen dafür, dass man lange genug gedreht hat, ist, dass sich die Kordel in der Mitte schon anfängt zu verdrehen. Dann werden die Enden der Wollfäden zueinander gebracht, von der Befestigung gelöst und sofort an den Enden verknotet. (Das sollte am besten ein Erwachsener übernehmen.) Mit einer Hand streift man nun über die Kordel, bis sich die letzten Verdrehungen aufgelöst haben und eine gerade Kordel ohne „Verzweigungen" entstanden ist.

Die Kordeln, oder Seile, kann man als Stirnband, Gürtel oder Spiel-Angelschnur verwenden. Für einen selbstgebauten Bogen braucht man zusätzlich einen biegsamen Stock (z. B. von einem Haselstrauch). Man befestigt die Kordel an einem Ende des Zweiges, spannt den Bogen dann zu einem

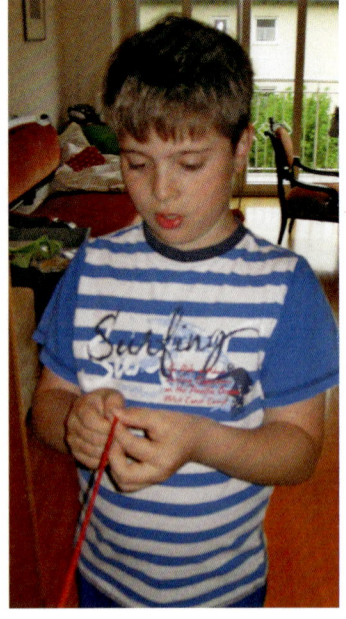

Halbkreis und knotet das andere Ende der Kordel an den Haselzweig. Kordeln sind widerstandsfähiger und reißen nicht so leicht, wie normale Haushaltsschnur oder Wolle.

Mit dem Drehen einer Kordel schulen Kinder ihre *Feinmotorik*. Sie müssen beide Hände koordiniert zusammenarbeiten lassen und dabei die eingesetzte Kraft dosieren.

Schiffchen aus Korken und Zahnstochern

Material:	(mindestens 11) Weinkorken und Zahnstocher aus Holz, Haushaltsschnur, evtl. Brettchen und Messer
Zeitaufwand:	ca. 15 Minuten
Alter:	ab 7 Jahren mit Hilfe eines Erwachsenen
Teilnehmer:	ein Kind und ein Erwachsener als Hilfe

Jeweils 3 Korken werden längs mit Zahnstochern verbunden. Dazu werden die Zahnstocher vorsichtig in die Enden der Korken gesteckt. Dann die Korken vorsichtig zusammenschieben, damit die Zahnstocher nicht brechen. Diesen Vorgang wiederholt man noch zweimal und verbindet die drei entstanden Korkenstäbe seitlich miteinander. Kleine Stücke von Zahnstochern dienen als Verbinder, zusammengehalten werden die Stäbe aber von Haushaltsschnur, die

man um die Stäbe schlingt, so dass eine Art Platte entsteht. Einen Korken kann man mit einem Messer an einem Ende spitz zuschneiden. Dieser wird dann wieder mit einem Zahnstocher am Ende der Korkenplatte senkrecht als Ruder befestigt. Ein weiterer Korken kann in der Mitte als Segelmast oder Schornstein mit einem weiteren Zahnstocher befestigt werden.

Nun aber gleich ausprobieren, ob das Schiff auch schwimmt!

ⓘ Wenn Kinder ein Korken-Schiff bauen, fördert dies ihre *Feinmotorik*. Sie brauchen gute koordinative Fähigkeiten, wenn sie mit dem Zahnstocher in das Korkenende stechen. Gleichzeitig benötigen sie dazu viel Kraft, die aber gut dosiert werden muss, um das Holzstäbchen nicht zu zerbrechen. Je mehr Arbeitsschritte das Kind selbständig übernimmt, desto stärker trainiert es auch seine planerischen Fähigkeiten und die Fähigkeit, mit Problemen umzugehen.

Knopfparcourslaufen

Material:	Mindestens ein großer Knopf, eventuell Markierungen für einen Parcours (Straßenkreide, Schnur, oder Klebeband)
Zeitaufwand:	5 bis 20 Minuten
Alter:	ab 6 Jahren
Teilnehmer:	mindestens 2 Kinder

Für dieses Spiel wird ein Knopf an verschiedenen Stellen des Körpers balanciert und dabei ein Parcours bewältigt. Im einfachsten Fall geht das Kind einige Meter den Flur entlang und wieder zurück.

Zunächst wird der Knopf auf den Rist oben am Fuß gelegt (siehe Foto). Dann geht das Kind vorsichtig den zuvor festgelegten Weg entlang. Fällt der Knopf herunter, beginnt man wieder am Startpunkt.

Variationen sind: Knopf auf dem Kopf balancieren, den Ellenbogen in Schulterhöhe zur Seite strecken und den Knopf darauf legen; den Knopf auf einem Finger balancieren und viele andere. Den Kindern fallen bestimmt noch weitere Möglichkeiten ein …

ⓘ Einen „Knopfparcours" zu laufen, spricht die *Grobmotorik* des Kindes an. Es muss durch den Knopf unterschiedliche Bewegungsarten ausführen, die oftmals unbekannt und mit keinem motorischen Plan verknüpft sind. Um den Knopf an Ort und Stelle auszubalancieren, müssen die Bewegungen genau dosiert werden. Durch schnelle, ruckartige Bewegungen würde der Knopf sofort hinabfallen. Ist dies doch einmal der Fall, brauchen die Kinder eine gute Frustrationstoleranz.

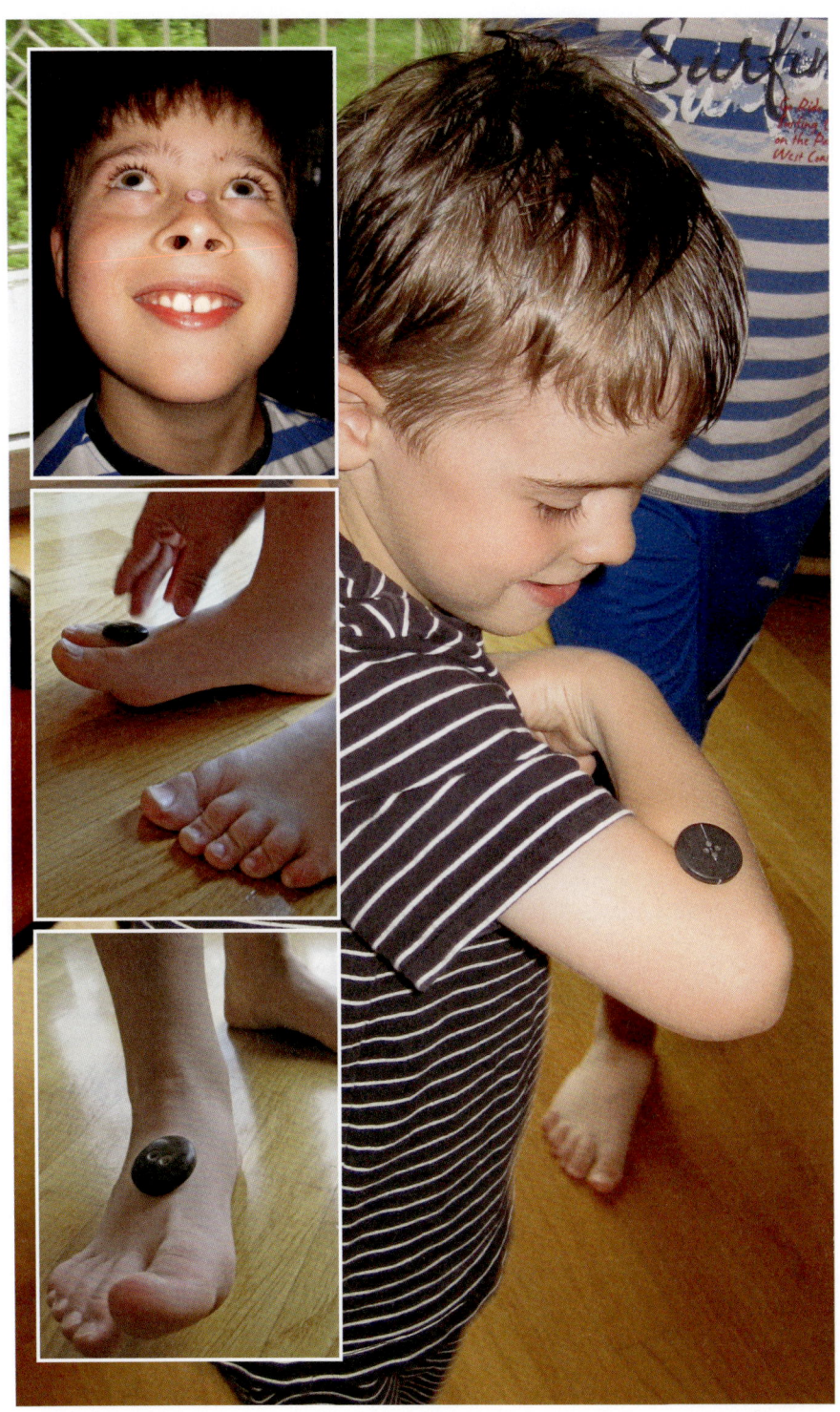

6. Gruppenspiele

Gruppenspiele können verschiedenen Zwecken dienen: zum Kennenlernen und zur Teambildung, zur Steigerung der Konzentrationsfähigkeit, zum Entspannen nach einer Arbeitsphase oder zur Aktivierung und Vorbereitung einer Arbeitsphase. Oder natürlich auch, um einfach nur Spaß zu machen ...

Für jede Art von Spiel gibt es den richtigen Zeitpunkt. Daher liegt es immer am Spielleiter, die richtige Wahl zu treffen und flexibel zu sein, was die Auswahl der Spiele betrifft. Sollte die Gruppe ein geplantes Spiel zum gewählten Zeitpunkt nicht annehmen, kann es besser sein, auf eine Alternative auszuweichen. Andererseits sollten Spiele nicht im Chaos untergehen, als Spielleiter muss man sich im Zweifelsfall Gehör verschaffen und das Spiel abbrechen.

Auch der Ort für das Spiel sollte sorgfältig gewählt sein, so dass vor allem bei actionreichen Spielen die Unfallgefahr gering bleibt. Für den Fall des Falles empfiehlt es sich für den Spielleiter ein Mobiltelefon dabei zu haben, um schnell Hilfe rufen zu können.

Vor Beginn des Spieles sollten Sie die Regeln, ebenso wie räumliche und zeitliche Begrenzungen mit den Kindern klären und auf eventuelle Besonderheiten hinweisen.

Kreisspiele:

Hula Hula – Rechenspiel

Material:	Stühle im Stuhlkreis, pro Mitspieler ein Stuhl
Zeitaufwand:	ca. 20 Minuten
Alter:	ab 7 Jahren
Teilnehmerzahl:	ab 5 Kindern, für Schulklassen geeignet

Alle Kinder sitzen im Stuhlkreis, der Spielleiter steht in der Mitte. Nun wird durchgezählt und jedes Kind merkt sich seine Zahl.

Der Spielleiter in der Mitte stellt eine Rechenaufgabe, deren Ergebnis nicht höher sein darf, als die Spieleranzahl. Es kann mit Additions- und Subtraktionsaufgaben, mit Multiplikations- und Divisionsaufgaben und mit Kombinationsaufgaben gespielt werden. Ist das Ergebnis zum Beispiel 12, muss das Kind mit der Nummer 12 aufstehen, mit dem Po wackeln und Hula-Hula-12 sagen. Wenn das Ergebnis 0 ergibt, werden die Plätze im Stuhlkreis durcheinander getauscht und der Spielleiter versucht dabei, einen freien Platz zu ergattern. Das Kind, das übrigbleibt, übergibt dem Spielleiter seine Nummer und darf nun die Aufgaben stellen. Es erhält also immer der, der vorher in der Mitte war, die Nummer vom nächsten „Aufgabensteller". Alle anderen Kinder behalten ihre Nummer.

ℹ️ Dieses Spiel hilft den Kindern, ihre Leistungen im Kopfrechnen durch Übung zu verbessern. Durch den Bewegungsanteil des Spiels haben die Kinder mehr Freude daran, als wenn Rechenaufgaben in einer starren Situation am Tisch gestellt werden. Sie machen so die Erfahrung, dass Rechnen Spaß machen kann und entwickeln die Eigenmotivation, sich darin zu verbessern.

Blinzeln

Material:	Stühle im Stuhlkreis, für jeden zweiten Mitspieler einen
Zeitaufwand:	ab ca. 20 Minuten
Alter:	ab 7 Jahren
Teilnehmerzahl:	ab 7 Kindern, eine ungerade Zahl an Mitspielern ist notwendig

Die Hälfte der Kinder nimmt auf den Stühlen Platz, ein Stuhl bleibt leer. Die anderen Kinder, die Wächter, stellen sich hinter die Stühle. Der Spieler, der hinter dem freien Platz steht, beginnt. Er fordert eines der sitzenden Kinder durch Blinzeln oder Zuzwinkern auf, zu ihm zu kommen. Das Kind versucht aufzustehen, der dahinter stehende Wächter darf jedoch aufpassen und es festhalten. Dann muss das Kind sitzen bleiben, bzw. wenn es bei seiner Flucht berührt wurde, an seinen Platz zurückkehren. Ist der Wechsel allerdings erfolgreich, ist das Kind mit dem leeren Stuhl vor sich nun an der Reihe, einem anderen zuzublinzeln. Die Wächter dürfen ihre Partner natürlich nicht die ganze Zeit festhalten!

ⓘ Dieses Spiel trainiert die Aufmerksamkeit. Sowohl der „bewachende" Spieler wie auch die sitzenden Spieler müssen ihre Konzentration auf den Spieler hinter dem leeren Stuhl fokussieren, um schnell reagieren zu können. Wer sich dabei von Mitspielern oder externen Reizen ablenken lässt, kommt nicht zum Erfolg. Das Spiel fördert zudem Schnelligkeit, sowohl in der Reaktion als auch in der Bewegungsausführung.

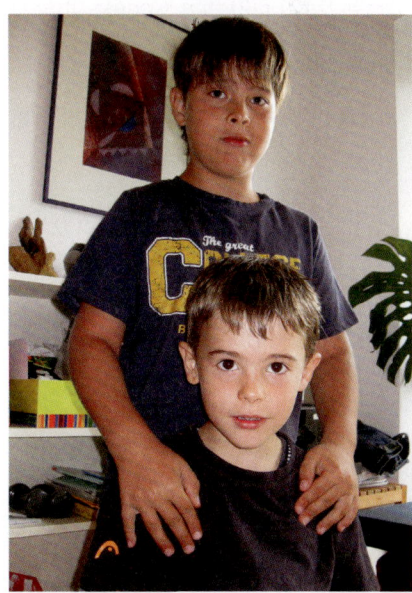

Der freie Platz

Material:	ein Stuhlkreis mit einem Stuhl für jeden Mitspieler
Zeitaufwand:	ab ca. 15 Minuten
Alter:	ab 7 Jahren
Teilnehmerzahl:	ab 8 Kindern

Alle Kinder setzen sich auf ihre Stühle im Kreis. Einer steht auf und geht in die Mitte des Kreises. Er versucht, sich wieder hinzusetzen, doch die übrigen Spieler dürfen im Uhrzeigersinn jeweils einen Platz weiterrutschen und so das Kind in der Mitte daran hindern, sich hinzusetzen. Gelingt es dem Spieler aus der Mitte sich hinzusetzen, ist das Kind, das nicht schnell genug reagiert hat, an der Reihe und geht in die Mitte des Kreises.

ⓘ Dieses Spiel fördert die Aufmerksamkeit und Reaktionsschnelligkeit der Mitspieler. Es müssen stets der Spieler in der Mitte, sowie die Mitspieler im Stuhlkreis beobachtet werden. Wohin bewegt sich der einzelne Spieler? Wann rutscht der Kreis der Mitspieler wieder einen Platz weiter? Anhand der Beobachtungen muss denn schnell reagiert werden. Lässt sich ein Kind ablenken, provoziert es einen Fehler.

Im Kreis rum rücken

Material:	Stühle im Stuhlkreis
Zeitaufwand:	abhängig von Gruppengröße, ca. 15 Minuten
Alter:	ab 6 Jahren
Teilnehmerzahl:	ab 10 Kindern, für Schulklassen geeignet

Die Gruppe nimmt im Stuhlkreis Platz. Der Spielleiter ruft verschiedene Eigenschaften in die Runde (z. B. blonde Haare, weiße Socken, Name beginnt mit „A" ...) Es dürfen immer diejenigen genau einen Stuhl weiterrücken, auf die diese Eigenschaft zutrifft (also z. B. alle blondhaarigen). Dabei kommt es vor, dass zwei oder mehr Teilnehmer übereinander sitzen. Allerdings darf immer nur derjenige weiterrücken, der ganz oben auf dem Stapel sitzt (sitzt die blonde Nina also unten, muss sie sitzen bleiben). Das Spiel ist zu Ende, wenn der erste wieder auf seinem Platz angekommen ist, egal ob er auf dem Stuhl sitzt oder auf dem Schoß eines Mitspielers.

Dieses Spiel eignet sich als Kennenlernspiel, vor allem, wenn man nicht nur auf äußerliche Eigenschaften eingeht, sondern auch Interessen, Namen und Alter einbezieht. Schnell wird es zu einem Austausch unter den Kindern kommen („Du hast doch weiße Socken an!", „Wie heißt du denn nochmal?") Die Teilnehmer müssen im Spielverlauf aufmerksam bleiben, um die genannten Eigenschaften zu registrieren und darauf zu reagieren. Zudem schulen sie ihre sozialen Kompetenzen, da es zwangsläufig zu körperlicher Nähe kommt. Das kann zwar sehr lustig sein, aber auch schnell in Streitereien umschlagen („Mach dich nicht so schwer!")

Der Hüter des Eimers

Material:	ein Ball, ein Eimer, Papierkorb oder ähnliches, eine freie Fläche
Zeitaufwand:	ab 10 Minuten
Alter:	ab 7 Jahren
Teilnehmerzahl:	ab 3 Spielern

Die Spieler stehen im Kreis. In die Mitte wird ein Eimer gestellt und ein Teilnehmer stellt sich dazu, er ist der Hüter des Eimers. Die Kreisspieler versuchen nun, den Eimer umzuwerfen, indem sie den Ball in der Mitte des Kreises aufprellen lassen. Der Wächter versucht das zu verhindern. Fällt der Eimer um, wird ein neuer Wächter bestimmt.
Achtung: ein fester Lederball eignet sich für das Spiel nicht! Am besten wird ein Soft- oder Gymnastikball ausgewählt.

Durch dieses Spiel trainieren die Kids ihre *Grobmotorik*. Sie stufen ihre Bewegungen ab, dosieren die eingesetzte Kraft und verbessern die Koordination von Hand und Auge. Gleichzeitig wird ihre Aufmerksamkeit angesprochen, da sie auf Gelegenheiten warten müssen, wenn der Wächter sich abwendet oder selbst unaufmerksam ist.

Fang den Kirschen-Ball

Material:	zwei Luftballons, etwas Wasser, Bindfaden, freie Spielfläche
Zeitaufwand:	ab 15 Minuten
Alter:	ab 6 Jahren
Teilnehmerzahl:	ab 3 Kindern

Zunächst wird in jeden der beiden Luftballons ein wenig Wasser gelassen. Dann werden beide Ballons aufgeblasen, verknotet und mit Bindfaden an den Knoten miteinander fest verbunden. Der entstandene Ball sieht einer Zwillingskirsche ähnlich.

Die Spieler stellen sich im Kreis (oder einander gegenüber) auf. Ein Spieler geht in die Mitte, die Kreisspieler spielen sich den Ball zu, der mittlere Spieler versucht, ihn zu fangen. Gelingt ihm das, geht das Kind in die Mitte, das den Ball geworfen hatte.

ℹ Dieses Spiel hat einen positiven Einfluss auf die *Grobmotorik*. Die Kinder kommen in Bewegung, strecken sich und sprechen damit ihre gesamte Muskulatur an. Der Fokus auf den Kirschen-Ball verbessert die Auge-Hand-Koordination.

Tanz um den heißen Ball

Material:	eine freie Fläche, ein Ball
Zeitaufwand:	ab 15 Minuten
Alter:	ab 6 Jahren
Teilnehmerzahl:	ab 5 bis 10 Mitspielern

Alle Kinder, bis auf einen „Tänzer", bilden einen Kreis und legen sich auf den Bauch, die Blickrichtung in die Mitte des Kreises. Der Tänzer steht in der Mitte des Kreises. Die Kinder rollen sich nun gegenseitig sehr schnell den Ball zu und versuchen, dabei den Tänzer in der Mitte zu treffen. Der Tänzer versucht natürlich, dem „heißen Ball" auszuweichen. Wird er „verbrannt", also getroffen, ist der nächste Tänzer an der Reihe.

Der Tanz um den heißen Ball fördert die *Grobmotorik*. Die liegenden Kinder müssen sich im Oberkörper leicht aufrichten, um den Ball schwungvoll rollen zu können und trainieren so die Muskulatur im Schulter-, Nacken- und Armbereich. Um von einem Spieler zum nächsten zu rollen, benötigen sie zudem eine gute Auge-Hand-Koordination. Der Spieler in der Mitte des Kreises trainiert seine Ausdauer und die zeitliche und motorische Planung, da er stets abschätzen muss, wann, wie hoch und wohin er springen oder ausweichen muss..

Löwenjagd

Material:	keines
Zeitaufwand:	max. 10 Minuten
Alter:	ab 6 Jahren
Teilnehmerzahl:	ca. 5 bis 15 Kinder

Für dieses Spiel benötigt man einen Spielleiter, der das Spiel kennt und den vorgegebenen Text möglichst mitreißend vortragen kann. Mit der Überzeugungskraft des Spielleiters steht und fällt dieses Spiel!
Der folgende Text wird vorgetragen. Die Teilnehmer sprechen den Refrain mit und machen die entsprechenden Bewegungen dem Spielleiter nach.

Refrain: „Wir gehen heut auf Löwenjagd! (Bewegung: Hand an der Stirn über den Augen nach Löwen suchen) Und wir haben gar keine Angst! (Bewegung: Kopf schütteln) Wir haben ein Gewehr dabei – und auch ein scharfes Schwert!!(Bewegung: Mit dem Schwert durch die Luft schneiden)."
Spielleiter: „Oh, was ist das?! Ein See! Da kommen wir nicht drüber (Bewegung: mit beiden Händen einen Bogen nach oben beschreiben), da kommen wir nicht dran vorbei, (Bewegung: mit den Händen zwei seitlich liegende Bögen beschreiben, als würde man um etwas herum fassen) da kommen wir nicht drunter durch! (Bewegung: mit beiden Händen einen Bogen nach unten beschreiben) Da müssen wir mitten durch!"
„Da können wir nur durchschwimmen!" Alle gehen mit Schwimmbewegungen durch den Raum bis sie wieder an ihrem Platz sind.
Refrain: Wir gehen heut auf Löwenjagd …„
Spielleiter: „Oh, was ist das?! Ein Buschfeuer! Da kommen wir nicht drüber, da kommen wir nicht dran vorbei, da kommen wir nicht drunter durch. Da müssen wir mitten durch!
„Das können wir nur austreten!" (Mit den Händen auf den Boden patschen und Feuer auspusten)
Refrain: Wir gehen heut auf Löwenjagd …„
Spielleiter: „Oh, was ist das?! Ein Sumpf! Da kommen wir nicht drüber, da kommen wir nicht dran vorbei, da kommen wir nicht drunter durch. Da müssen wir mitten durch!"
„Das wird jetzt matschig …" (Durch den Raum gehen, dabei schmatzende Geräusche machen.)
So geht das immer weiter. Je nach Gruppe und Stimmung sind der Kreativität des Spieleiters keine Grenzen gesetzt. Es lassen sich nahezu alle möglichen Stationen integrieren: Wiesen, Flüsse, Savannen mit hohem Gras, Berge …
Refrain: Wir gehen heut auf Löwenjagd …"

Spielleiter: „Oh, was ist das?! Eine Höhle! Da kommen wir nicht drüber weg, da kommen wir nicht dran vorbei, da kommen wir nicht drunter durch. Wir müssen uns durchtasten! (Beim Erzählen immer leiser werden) Huh, was ist das jetzt? … Es ist weich … Es ist warm … Es hat einen Schwanz … und es hat eine Mähne … (Ganz laut) DAS IST DER LÖWE!!!!!

Jetzt werden ganz schnell und hektisch alle Stationen rückwärts gemacht, Sumpf, Buschfeuer, See usw., bis man schließlich die Tür des Jeeps hinter sich zuschlagen kann.

Spielleiter: „Wir waren heut auf Löwenjagd … Und wir hatten gar keine Angst!! ;-)

🛈 Dieses Gruppenspiel gehört zu den dynamischen Spielen. Die Kinder merken sich vorgegebene Satzteile, sprechen diese rhythmisiert zusammen mit den anderen Teilnehmern und führen festgelegte Bewegungen durch. Dies bringt die Gruppe in Bewegung, verhindert aber gleichzeitig, dass die Kinder zu stark aufdrehen.

Reise nach Paris

Material:	keines
Zeitaufwand:	15 Minuten
Alter:	ab 9 Jahren
Teilnehmerzahl:	ab 5 Teilnehmern, ein Spielleiter erforderlich

Dieses Spiel funktioniert nur dann, wenn der Spielleiter als einziger die Regeln kennt. Die Teilnehmer sitzen gemütlich im Kreis und der Spielleiter erzählt, dass er eine Reise nach Paris machen möchte. Er nennt einen Gegenstand, den er auf dieser Reise mitnehmen möchte, zum Beispiel einen Teller. Jeder der Mitspieler darf nun einen Gegenstand nennen, den er gerne mitnehmen würde. Spieler 1 möchte ein Buch mitnehmen. Der Spielleiter sagt ihm, dass er mit dem Buch leider nicht mitkommen darf. Spieler 2 nimmt ein Handtuch mit und darf ebenfalls nicht mit. Ebenso Spieler 3, der einen Sportschuh mitnehmen wollte. Spieler 4 hingegen darf mitkommen, er würde einen Ball mitnehmen nach Paris.

Ahnen Sie schon, welches System hinter der Auswahl steckt? Hier noch ein paar Hinweise: Spieler 5 bleibt zu Hause, er möchte eine Gabel mitnehmen. Spieler 6 entscheidet sich für eine Wassermelone – und darf mitkommen.

Das entscheidende ist, dass sich der Spielleiter zu Beginn ein Kriterium aussucht, daß die genannten Begriffe erfüllen müssen. In diesem Beispiel durften alle mitreisen, die sich für etwas Rundes entschieden haben.

Das Spiel wird solange gespielt, bis die Kinder erkannt haben, welches System versteckt ist. Durch immer neue Hinweise aus den Antworten des Spielleiters wird es mit der Zeit offensichtlicher.

ⓘ Dieses Spiel fördert die *Kognition* im Sinne des logischen Denken, kategorisieren und des Aufgabenverständnisses. Die Kinder müssen sich zunächst von ähnlich lautenden Spielen distanzieren (Reise nach Jerusalem, Ich packe meinen Koffer) und sich auf eine neue Aufgabenstellung einlassen. Dann vergleichen sie die Hinweise, erkennen Gemeinsamkeiten, bilden Hypothesen und verwerfen oder festigen diese. Sobald ein Kind das System erkannt hat, sind Geduld und Frustrationstoleranz gefragt: das Spiel läuft weiterhin im Kreis herum, es kann also sein, dass das Kind einige Zeit warten muss, bis es einen Begriff nennen darf, den es für passend hält.

Klohäuschen streichen

Material:	keines
Zeitaufwand:	10 Minuten
Alter:	ab 8 Jahren
Teilnehmerzahl:	ab 3 Teilnehmer

Für dieses Spiel wird ein Spielleiter benötigt, der Anweisungen gibt und die Geschichte erzählt. Alle stellen sich im Raum auf, so dass jeder ausreichend Platz hat. Die Geschichte geht folgendermaßen:

Ein kleines Klohäuschen muss nach vielen Jahren wieder gestrichen werden. Nun ist es in dem Häuschen aber so eng, dass man sich kaum richtig bewegen kann. Alle Ecken zu streichen erfordert also einige Verrenkungen.

Zuerst fassen die Kinder beide Hände zusammen – dies soll nun der Pinsel sein. Der Pinsel wird in den „Eimer" zu Füßen der Kinder getaucht. Dann richten sich die Kinder auf und fangen an zu streichen:

Die Decke: Die Hände werden auf den Kopf gelegt. Mit dem Kopf soll nun die Decke gestrichen werden. Dazu recken und strecken sich die Kinder und bewegen ihren Kopf hin und her, vor und zurück. Wer sich nicht genügend streckt oder den Hals nicht gerade hält, kommt natürlich nicht an die Decke … Bevor die Wände gestrichen werden können, braucht der Pinsel frische Farbe, also wieder tief in den „Farbeimer" tauchen. Der Pinsel wird nun an die linke Hüfte gelegt. Durch kräftige Hüftbewegungen wird die linke Wand gestrichen. Jetzt brauchen die Kinder wieder frische Farbe … Der Pinsel kommt nun auf den Bauch. Indem die Kinder leicht in die Knie gehen, den Bauch rausstrecken und dann die Knie abwechselnd leicht strecken und beugen, bekommt die nächste Wand Farbe.

Oh je, der Pinsel muss wieder in den Farbeimer getaucht werden ... Die Rückwand wird gestrichen, indem der Pinsel an den Po gelegt, dieser nach hinten gestreckt, und hin und her bewegt wird. Nachdem noch ein letztes Mal frische Farbe aufgenommen wurde, muss noch der Boden rund um die Füße gestrichen werden. So, jetzt den Pinsel in den Eimer stecken – Feierabend!

ⓘ Klohäuschen streichen ist eine Lockerungs- oder Aufwärmübung, die sowohl mit größeren Gruppen als auch mit wenigen Kindern gespielt werden kann. Anders als viele andere Gruppenspiele verlangt dieses Spiel keine Interaktion. Es geht vielmehr um Bewegung. Das Spiel eignet sich daher besonders gut als Fitmacher vor dem Einstieg in eine Arbeitsphase oder als Bewegungsübung in einer Pause.

Bürgermeister

Material:	Stühle
Zeitaufwand:	20 Minuten
Alter:	ab 9 Jahren
Teilnehmerzahl:	7 bis 15 Teilnehmer

Alle Teilnehmer sitzen in einem Stuhlkreis. Dieser sollte an einer Stelle offen sein, so dass man Anfang und Ende des Kreises erkennen kann. Der erste Platz des Kreises ist der des Bürgermeisters. Der letzte Platz gehört dem Stadt-Kasperl. Für die Plätze dazwischen überlegen sich die Teilnehmer Berufsbezeichnungen. Neben dem Bürgermeister könnte der Polizist sitzen, neben diesem der Anwalt und dann der Feuerwehrmann. Die Berufe sollten in Richtung des Stadt-Kasperls langsam in ihrem „Ansehen" sinken. So könnte vor dem Stadt-Kasperl noch der Müllmann oder der Straßenkehrer sitzen.

Wichtig: Die Berufsbezeichnungen beziehen sich in diesem Spiel nicht auf die Personen, sondern auf die Stühle! Es ist also nicht Kilian der Bürgermeister, sondern der, der auf dem Bürgermeister-Stuhl sitzt ist Bürgermeister. Im Spielverlauf ist es wichtig, sich alle Berufsbezeichnungen und ihren Platz zu merken!!

Der Teilnehmer auf dem Platz des Bürgermeisters beginnt das Spiel. Der folgende Dialog wiederholt sich immer und immer wieder:
Bürgermeister: „Neulich ging ich durch die Straßen meiner Stadt und da traf ich den (z. B.) Feuerwehrmann"
Z. B. Feuerwehrmann: „Wen? Mich? Mich nicht!"
Bürgermeister: „Wen dann?"
Feuerwehrmann: „Den Anwalt"

Anwalt: „Wen? Mich? Mich nicht!"
Feuerwehrmann: „Wen dann?"
Anwalt: „Den Müllmann!"
Und so weiter ...

Dieser Dialog darf nicht abgewandelt werden. Wenn ein Mitspieler einen Fehler macht (z. B. nicht reagiert, wenn der Feuerwehrmann genannt wird), muss dieser auf den Platz des Stadt-Kasperls. Die Spieler zwischen dem ehemaligen Stadt-Kasperl und dem Spieler, der einen Fehler gemacht hat, rücken einen Platz auf – und ändern mit dem Stuhl auch die Berufsbezeichnung. (Der ehemalige Stadt-Kasperl ist nun z. B. der Straßenkehrer, der ehemalige Straßenkehrer sitzt nun auf dem Platz des Müllmanns.)

Der einzige Spieler, der sich nicht an den Dialog halten muss, ist der Stadt-Kasperl. Er darf den Dialog abwandeln, wenn er angesprochen wird, darf dazwischen reden und versuchen, seine Mitspieler zu Fehlern zu provozieren.

Es gibt bei diesem Spiel keinen Gewinner und keinen Verlierer. Ebenso gibt es kein klar definiertes Ende.

Man kann das Spiel erschweren, indem man verlangt, dass der „niedere" Beruf immer aufstehen muss, wenn er mit einem „höhergestellten" Beruf spricht. (Der Anwalt müsste sich also erheben, wenn er mit dem Bürgermeister spricht.)

Dieses Gruppenspiel fördert Sprache und Konzentration. Die Kinder müssen sich einen festgelegten Dialog merken und die jeweils passenden Teile davon wiederholen. Viel anspruchsvoller ist es aber noch, sich zu merken, welcher Beruf welchem Stuhl zugeordnet ist. Alle Mitspieler sind die ganze Zeit aufgefordert, aufmerksam dem Gesprächsverlauf zu folgen, um mögliche Fehler zu bemerken.

Schlafender Drache

Material:	mindestens 20 Wäscheklammern
Zeitaufwand:	15 Minuten
Alter:	ab 6 Jahren
Teilnehmerzahl:	3 bis 5 Kinder

Ein Kind ist der schlafende Drache. Es legt sich auf den Bauch und die anderen Kinder befestigen alle Wäscheklammern an seiner Kleidung. Dabei sollten sie darauf achten, dass die Klammern von der Kleidung abstehen.

Die Geschichte ist nun, dass einige tapfere Ritter die Schuppen eines schlafenden Drachens stehlen wollen. Die Kinder setzen sich dazu um das liegende Kind. Ein kleiner Ritter beginnt und versucht ganz vorsichtig, eine Wäscheklammer vom Drachen zu erbeuten. Solange der Drache nichts davon spürt, bleibt er ruhig liegen. Merkt er allerdings, dass ihm eine Schuppe gestohlen wird, darf er einmal böse fauchen , die Klammer bleibt an der Kleidung und das nächste Kind ist an der Reihe. Wer am Ende am meisten Drachen-Schuppen erbeuten konnte, darf der nächste Drache sein.

ℹ Bei diesem Spiel trainieren die Kinder ihre sozio-emotionalen Fähigkeiten sowie ihre Aufmerksamkeit. Das Spiel erfordert viel Rücksichtnahme und Feingefühl. Die Kinder müssen vorsichtig miteinander umgehen, ihre Bewegungen sehr gut dosieren und dabei ruhig und mit viel Bedacht vorgehen. Immer wieder wird es zu kleinen Frustrationserlebnissen kommen, die die Kinder wegstecken müssen. Das Spiel eignet sich sehr gut, um unruhige Kinder zur Ruhe zu bringen und ein wenig das Tempo rauszunehmen.

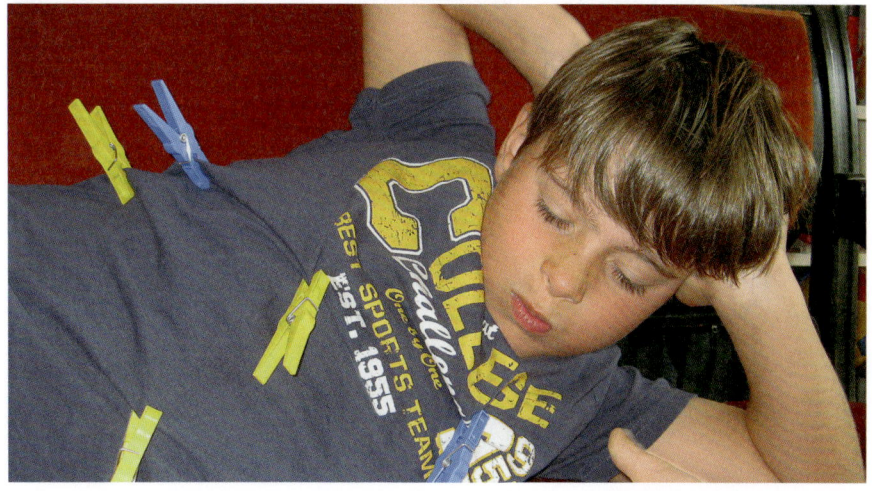

Pärchenweise aufstehen

Material:	keines
Zeitaufwand:	5 Minuten
Alter:	ab 6 Jahren
Teilnehmerzahl:	mindestens 2, immer eine gerade Anzahl an Mitspielern

Die Kinder finden sich pärchenweise zusammen und setzen sich Rücken an Rücken auf den Boden. Nun verschränken sie die Arme mit ihrem Partner und pressen die Rücken fest aneinander. Dann versuchen sie aufzustehen, ohne sich mit den Händen am Boden abzustützen. Hat das geklappt, setzen sie sich auf die gleiche Weise wieder hin.

ⓘ Dieses Spiel hat einen positiven Einfluss auf die sozio-emotionalen Fähigkeiten sowie auf die *Grobmotorik*. Die Kinder werden das Ziel, gemeinsam aufzustehen, nicht erreichen, wenn sie nicht aufeinander Rücksicht nehmen und ggf. Absprachen treffen. Geht ein Mitspieler rücksichtslos vor kann es sogar zu schmerzhaften Situationen kommen. Nur wer sich aufeinander einlässt und seine Kraft behutsam und dosiert einsetzt, schafft es, zusammen mit dem Partner zum Stand zu kommen. Ein guter Gleichgewichtssinn hilft dabei, nicht die Balance zu verlieren.

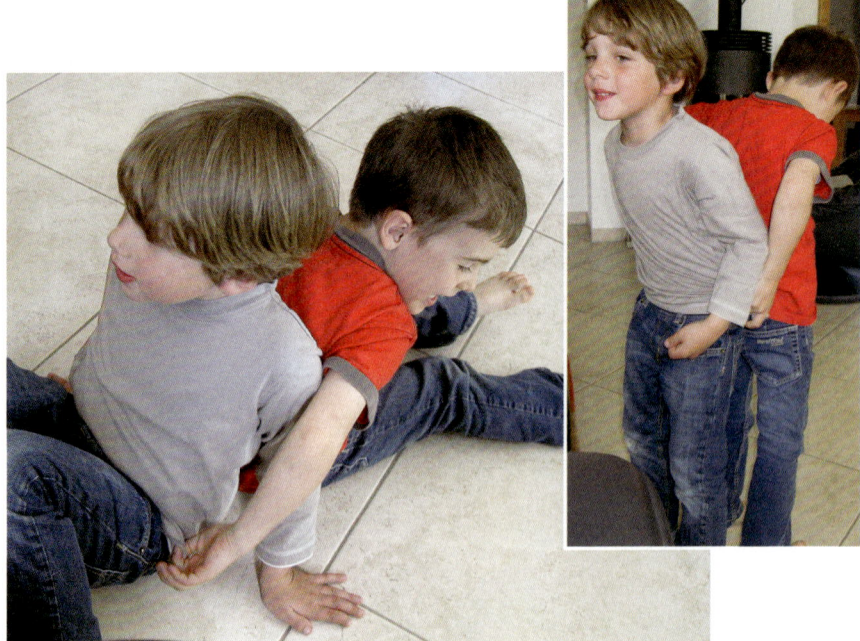

Decke umdrehen

Material:	eine Wolldecke oder ein großes Badehandtuch
Zeitaufwand:	10 bis 15 Minuten
Alter:	ab 6 Jahre
Teilnehmerzahl:	1 bis 6 Kinder

Eine Wolldecke oder ein Handtuch wird auf dem Boden ausgebreitet. Ein Kind stellt sich darauf und bekommt die Aufgabe gestellt, die Decke umzudrehen, ohne die Decke zu verlassen. Als Gruppenspiel können sich auch zwei oder mehr Kinder auf die Decke stellen, aber auch für sie gilt, dass sie die Decke nicht verlassen dürfen, während sie sie umdrehen. Dabei müssen sie sich auf einen Plan einigen und als Team zusammenarbeiten, sonst wird es nicht funktionieren.

Natürlich kann man auch mehrere Teams gegeneinander antreten lassen. Jüngere Kinder sollten aber Gelegenheit haben, das Spiel zunächst alleine auszuprobieren, damit sie genau verstehen, was zu tun ist.

ⓘ Dieses Spiel fördert neben den sozio-emotionalen Fähigkeiten auch die *Grobmotorik*. Spielt ein Kind allein, stehen die Bereiche Gleichgewicht, motorische Planung und Handlungsplanung im Vordergrund. Spielen mehrere Kinder zusammen, kommen zu diesen grobmotorischen Anforderungen die sozialen Anforderungen hinzu. Absprachen müssen getroffen werden und das bedeutet auch, dass einige Kinder Vorschläge einbringen und andere diese annehmen müssen. Die Kinder müssen sich zu einem Team zusammenfinden und dabei auf einzelne Spieler Rücksicht nehmen.

Rückenpost

Material:	einige kleinere Gegenstände, z. B. Spielzeugauto, Stift, Stein, Kerze … je in zweifacher Ausführung, pro Mitspieler ein Stuhl, evtl. ein Tisch, Papier und Stifte
Zeitaufwand:	ca. 20 Minuten
Alter:	ab 7 Jahren
Teilnehmerzahl:	ab 8 Kindern, gerade Anzahl an Spielern und ein Spielleiter erforderlich

Bei diesem Spiel geht es darum, eine Botschaft von Rücken zu Rücken weiterzuleiten und dabei schneller zu sein als das gegnerische Team.

Die Spieler werden in zwei Teams aufgeteilt. Jedes Team sitzt in einer geraden Linie hintereinander, so dass die Spieler stets den Rücken ihres Vordermannes sehen. Hinter den letzten Kindern steht der Spielleiter, vor den ersten Kindern (die niemanden mehr vor sich haben) liegen auf dem Boden oder auf dem Tisch 5 bis 7 Gegenstände. Der Spielleiter wird später den Namen eines Gegenstandes auf einen Zettel schreiben und ihn den beiden letzten Spielern zeigen. Durch heimliche Zeichen soll die Information, um welchen Gegenstand es sich handelt, nun an den vordersten Spieler übermittelt werden.

Vor Spielbeginn vereinbaren die Spieler eines Teams für jeden Gegenstand ein geheimes Zeichen. Es könnte z. B. ein Strich auf den Rücken des Vordermannes, eine Berührung am Ohr, ein leichtes Ziehen an den Haaren etc. sein. Jeder Spieler muss sich diese Zeichen genau einprägen!

Haben sich die Teams auf Zeichen geeinigt; nehmen sie in einer Reihe Platz und der Spielleiter zeigt den beiden letzten Spielern den Namen. Sofort gibt der letzte Spieler das Zeichen an seinen Vordermann weiter, dieser wiederholt es bei seinem Vordermann usw. Der vorderste Spieler greift nach dem entsprechenden Gegenstand. Vor der nächsten Runde werden die Plätze getauscht, der vorderste Spieler setzt sich ganz nach hinten.

Es gewinnt das Team, das nach einem kompletten Durchgang die meisten Gegenstände richtig gezeigt hat.

ⓘ Dieses Spiel trainiert die Merkfähigkeit und die sozio-emotionalen Fähigkeiten. Zunächst müssen die Kinder verschiedene Vorschläge für die Zeichen abstimmen und dabei den ein oder anderen Kompromiss schließen. An der Merkfähigkeit des letzten und des ersten Spielers hängt die Chance zu gewinnen: der letzte muss sich erinnern, welches Zeichen dem gelesenen Wort zugeordnet war, der erste muss sich an Hand des Zeichens an den richtigen Gegenstand erinnern.

Gordischer Knoten

Material:	keines
Zeitaufwand:	ca. 15 Minuten
Alter:	ab 6 Jahren
Teilnehmerzahl:	ca. 15 Mitspieler, für Schulklassen geeignet

Alle Kinder stellen sich in einem engen Kreis auf und schließen die Augen. Dann werden die Arme in die Kreismitte gestreckt und jeder ergreift die Hände anderer Kinder, möglichst nicht die des direkten Nachbarn.
Nun werden die Augen wieder geöffnet. Mit etwas Geduld lässt sich der entstandene Menschenknoten lösen, ohne dass die Kinder ihre Hände loslassen.

🛈 Der Gordische Knoten kombiniert *Grobmotorik* mit sozialen Fähigkeiten. Um das Durcheinander der Hände zu entwirren, müssen Absprachen getroffen werden und die Kinder müssen aufeinander eingehen. Unüberlegte Einzelaktionen bringen oft nicht den gewünschten Erfolg, und auch trotz gemeinsamer Überlegungen kann es passieren, dass ein vermeintlich richtiger Schritt zu noch mehr Verknotung führt. Beim Entwirren kann es nötig sein, das Gleichgewicht zu halten, Arme zu übersteigen oder unter Armen hindurchzukriechen. Dabei müssen Bewegungen geplant und gut dosiert werden.

Kreisfunker

Material:	keines
Zeitaufwand:	15 Minuten
Alter:	ab 6 Jahren
Teilnehmerzahl:	ab 10 Kinder, für Schulklassen geeignet

Alle Kinder sitzen im Kreis. Der Hauptfunker hält beide Hände neben den Kopf, so dass die Daumen zu den Ohren zeigen und wackelt mit den Fingern. Zum Funken braucht er Hilfsantennen: dazu halten seine Nebenleute jeweils die Hand in die gleiche Position, die dem Hauptfunker am nächsten ist.
Alle Mitspieler werden durchnummeriert. Der Hauptfunker nennt seine Nummer und die Nummer des Spielers, zu dem er funken will (z. B. „Ich bin Funker Nummer 3 und habe eine Nachricht für Funker Nummer 8.") Kind Nummer acht bildet nun mit seinen Händen zwei Antennen, seine Nachbarn sind die Hilfsantennen. Kind Nr. 8. darf als nächstes funken.

Immer, wenn ein Kind einen Fehler gemacht hat, also z. B. nicht reagiert hat, wenn sein Nachbar angefunkt wurde, scheidet es aus. Es nennt dazu nochmal seine Nummer („Funker Nummer 10 meldet ein kaputtes Funkgerät") und dreht sich dann mit dem Rücken zur Kreismitte. Achtung: Ist ein Kind der Hauptfunker, dessen direkter Nachbar bereits ausgeschieden ist, muss der nächste aktive Mitspieler als Hilfsantenne fungieren!

Spannend wird das Finale, wenn nur noch 3–4 Spieler im Rennen sind: Wer seinen Nachbarn anfunkt, muss daran denken, dass er zugleich Hilfsantenne wird!

ⓘ Dieses Spiel ist ein Aufmerksamkeits- und Merkfähigkeitsspiel. Die Kinder müssen sich merken, welche Mitspieler bereits ausgeschieden sind. Die Aufmerksamkeit wird vor allem dadurch angeregt, dass die Kinder nicht nur auf ihre eigene Nummer achten müssen, sondern immer auch auf die des nächsten aktiven Nachbarn, um als Hilfsantenne zu agieren.

7. Serviceteil und Stichwortverzeichnis

Die besten Spiele

Die 5 besten Spiele für ein Kind

Spiel	Kurzinformation	Seite	Förderung
Blüten aus Tortenspitzen	Zum Verschenken oder Dekorieren; Material: Tortenspitzen aus Papier, Schere, Klebestreifen, Blumendraht	130	Kraftdosierung, bimanuelle Koordination, Aufgabenverständnis
Münzen-Tanz	Ein kleines Experiment, das auch ein Kind allein durchführen kann; Material: leere Flasche, 50Cent Münze, Kühlschrank	89	Kognition
Dominoreihe Kettenreaktion	Aufbauen, umwerfen – und dabei Spaß haben; Material: Dominosteine, glatte, ebene Fläche zum Bauen!	29	Frustrationstoleranz, Bewegungsabstufung, isolierte Fingerbewegungen
Fühlzahlen Karten	Lernmaterial selbst herstellen; Material: Pappkarton, Klebstoff, verschiedene farbige Wollreste	72	Feinmotorik, taktile Wahrnehmung, Kognition: Zahlen lernen
Mühlenturm	Allein oder zu zweit – wie hoch wird der Turm? Material: Mühlesteine	119	Auge-Hand-Koordination, Automatisierung der Fingerbewegungen

Die 5 besten Spiele, die beruhigen

Spiel	Kurzinformation	Seite	Förderung
Wasserglas füllen	Wer kann am Geräusch erkennen wie viel Wasser im Glas ist? Material: Messbecher, Glas, Wasser	32	Konzentration, auditive Aufmerksamkeit
Erbsenzähler-Schätzaufgabe	Wie viele Erbsen sind in diesem Glas? Material: Marmeladengläser, Knöpfe, Streichhölzer, getrockneter Mais, Erbsen	69	Wahrnehmung, Mengen vergleichen, Sortieren
Mühlenturm	Allein oder zu zweit – wie hoch wird der Turm? Material: Mühlesteine	119	Auge-Hand-Koordination, differenzierte Fingerbewegungen
Kordel drehen	Spielutensilien oder Schmuck herstellen; Material: Wolle in verschiedenen Farben	132	Bimanuelle Koordination, Kraftdosierung
Der Jäger schießt	Ein Gruppenspiel, bei dem kein Material erforderlich ist	26	Minimales Bewegungsangebot, Konzentration, Aufmerksamkeit, Impulskontrolle

Die 5 besten Spiele: Lesen und Schreiben lernen

Spiel	Kurzinformation	Seite	Förderung
Leseabenteuer im Dunkeln	Mit der Taschenlampe jede Stufe des Leseerwerbs unterstützen; Material: Papier, Filzstift, Klebeband, Taschenlampe	42	Buchstabenerwerb, Lautsynthese, Aufmerksamkeit
Lernwörter in Bewegung gebracht	Üben muss sein, mit Bewegung macht es auch noch Spaß! Material: Lernwörterliste oder Grundschulwörterbuch	46	Kognition: Rechtschreibregeln und Wortarten verinnerlichen
Brettspiele mit Silben statt Würfel	So wird aus einem klassischen Brettspiel ein pfiffiges Lernspiel; Material: Brettspiel, Zeitschriften, Schere	48	Phonologische Bewusstheit, Wortschatzerweiterung
Buchstabieren vorwärts und rückwärts	Wie heißt ihr Kind rückwärts? Kein Material	56	Lautsynthese und Isolation, Kognition: Rechtschreibung
Lernwörter Knobelei	Erstellen Sie ein Rätsel mit Selbstkontrolle, bei dem die Schüler sich intensiv mit den aktuellen Lernwörtern auseinander setzen; Material: Papier und Stift, Lernwörterliste	59	Konzentration, Silbensegmentierung, Kognition: Rechtschreibung

Die 5 besten Spiele: Rechnen lernen

Spiel	Kurzinformation	Seite	Förderung
Rechen Memos	Entwerfen Sie je nach Leistungsstand ein eigenes Memospiel; Material: kleine Karteikarten, Stifte	66	Merkfähigkeit, Kognition: Rechenoptionen
Eisbär, Fische, Loch	Das etwas andere Würfelspiel; Material: Würfel	77	Konzentration, Aufgabenverständnis, Rechenoptionen
Domino Rechnen	Spielerisch Kopfrechnen üben; Material: Dominosteine	68	Kopfrechnen, Schnelligkeit
Von Geräuschen zu Zahlen	Wie aus Klatschen, Schnipsen und Stampfen Zahlen werden; kein Material erforderlich	67	Umgang mit Zahlen, Zahlenwerte verstehen, Zahlen lesen
Kimspiel mit Haushaltsschnur	Ohne visuelle Kontrolle Längen beurteilen und vergleichen; Material: 5 unterschiedlich lange Stücke Haushaltsschnur, ein Beutel	27	Konzentration, Wahrnehmung, Kognition: Längen erfassen und vergleichen

Die 5 besten Spiele für unterwegs

Spiel	Kurzinformation	Seite	Förderung
Reise Bingo	Wer seine Umgebung aufmerksam betrachtet gewinnt; Kein Material	34	Wahrnehmung, Konzentration, Aufmerksamkeit
Wörter aus Autokennzeichnen	Da fährt ROSE und vor uns EDEL – wer ist sonst noch unterwegs? Kein Material	50	Lautdifferenzierung, Lautsynthese, Graphem-Phonem-Zuordnung
Reise nach Paris	Ein Spiel für mehrere Mitspieler bei dem kein Material erforderlich ist	145	Aufmerksamkeit, Aufgabenverständnis, logisches Denken, Kategorisieren
Das ABC suchen	Spielbar im Kinderzimmer, im Bus oder am Pool, da kein Material benötigt wird.	52	Konzentration, auditive Wahrnehmung
Wörter zählen	Wie oft nennt der Radio-Moderator ein bestimmtes Wort? Material: Radiogerät	31	Konzentration, auditive Aufmerksamkeit, Merkfähigkeit

Die besten Spiele nach Förderbereichen:

Spiele für die auditive Wahrnehmung

Spiel	Kurzinformation	Material	Seite
Puzzle mit Geheimsprache	Ein Puzzle mal ganz anders spielen, so wird es auch für große Kinder anspruchsvoll	ein Rahmenpuzzle mit ca. 40 Teilen, schwarzer Filzstift	23
Gummibärchen versenken auditiv	Die Jagd auf fremde Gummibärchen macht den Spieleklassiker interessanter	Papier, Stifte, Gummibärchen, Ordner oder ähnliches als Trennwand	22
Hallo Echo	Ein Zuhör-Spiel das Spaß macht	Kein Material erforderlich	54
Wörterkette	Wortschatz üben, erweitern und vertiefen - und das ohne Vorbereitung	Kein Material erforderlich	45
Glasorgel Experiment	Tonhöhen spielerisch kennenlernen und dabei etwas über Schallschwingungen lernen	6 bis 8 gleich große Gläser, Wasser, Bleistift	85

Spiele für die Feinmotorik

Spiel	Kurzinformation	Material	Seite
Murmel Ralley	Ein Feinmotorik-Spiel, das vor allem Jungs begeistert und in verschiedenen Schwierigkeitsgraden gespielt werden kann	Bausteine, Murmel, Gummiball, Pinsel, Kreppband, Holzstückchen oder Frühstücksbrettchen	117
Stift Wettrennen	Der Wettkampfcharakter steigert die Motivation	zwei Blätter Papier oder fertige Nachspur-Aufgaben, zwei Würfel, zwei Stifte	124
Kumihimo Bänder	Moderne Freundschaftsbänder, die sich auch unterwegs leicht herstellen lassen	stabiler Pappkarton (oder fertige Kumihimo-Scheibe aus dem Handel), Schere, Bänder oder Kordeln	126
Klammern ketten	Blind wird eine Kette aus Büroklammern zusammengebaut	10 Büroklammern pro Kind	33
Mühlstein schießen	Ein Geschicklichkeitsspiel, wie man es nicht jeden Tag spielt	Mühlesteine, eine Zielscheibe aus Papier (Papier, runde Vorlagen und Buntstifte)	118

Spiele für die Grobmotorik

Spiel	Kurzinformation	Material	Seite
Gemein-sam auf Murmel-jagd	Zwei Spieler sammeln gemeinsam Murmeln ein und balancieren dabei einen Ballon zwischen ihren Köpfen	viele Murmeln, pro Kinderpaar einen Luftballon und ein kleines Gefäß	106
Himmel und Hölle	Ein Klassiker, der nicht in Vergessenheit geraten sollte	Straßenkreide, ausreichend Platz, ein kleiner Stein	108
Gummi-wist	Rhythmische Sprungfolgen rund um das Gummiseil waren und bleiben bei Mädchen beliebt	ca. 4 Meter langes Gummiseil mit verknoteten Enden	110
„Decke umdrehen"	So schnell wird das Wohnzimmer zur Turnhalle!	Handtuch oder Wolldecke	151
Kartoffel-transporter	Mit einer Kartoffel zwischen den Fußsohlen bewältigen die Kinder einen Bewegungsparcours	einige Kartoffeln oder Tennisbälle, Schnur, Kreppklebeband oder Kreide zum Markieren eines Parcours	114

Spiele für Konzentration und Aufmerksamkeit

Spiel	Kurzinformation	Material	Seite
Gummi-bärchen versenken	Die Jagd auf Gummibärchen macht den Spieleklassiker interessanter	Papier, Stifte, Gummibärchen, Ordner oder ähnliches als Trennwand	20
Reise Bingo	Spaziergänge oder Fahrten werden mit diesem Spiel kurzweiliger	Es ist kein Material erforderlich	34
Kimspiel mit Domi-no-Steinen	Dominosteine werden ohne visuelle Kontrolle ertastet	Dominosteine, ein kleiner Stoffbeutel, Jutesack oder Kopfkissenbezug, Papier und Stift	28
Wörter zählen	Wie oft kommt ein bestimmtes Wort in einer Geschichte vor?	ein Buch, evtl. ein Radiogerät	31
Stadt, Land, Fluss	Mit Kreativität und Allgemeinbildung liegt man bei diesem Spieleklassiker vorne	Papier und Stifte	57

Spiele für die Merkfähigkeit

Spiel	Kurzinformation	Material	Seite
Schukifatz	Sich an Quatschwörter erinnern können, hilft im Diktat sicherer zu werden	Papier oder Pappe oder Karteikarten, Stifte, evtl. Klebeband	51
Endlosgeschichte	Ohne Vorbereitung wächst Wort für Wort eine Geschichte heran	Kein Material erforderlich	30
Anlaute Memo	Aus einem klassischen Gesellschaftsspiel wird mit etwas Vorbereitung ein Lernspiel	Papier, Zeitschriften, Schere, Stifte	41
Wörter zählen	Wie oft kommt ein bestimmtes Wort in einer Geschichte vor?	ein Buch, evtl. ein Radiogerät	31
Bürgermeister	Ein Gruppenspiel mit festgelegtem Dialog und jeder Menge Spaß	Stühle	147

Glossar

Motorik
Motorik ist die Fähigkeit des Körpers eines Menschen, Tieres oder deren Organe, sich zu bewegen.

Feinmotorik
Feinmotorik ist die gezielte, kleinräumige und besonders koordinierte Bewegung, für die dem Menschen vor allem die Hände, aber auch Füße, Kopf und Gesicht zur Verfügung stehen. Zur Feinmotorik gehören Bewegungsabläufe wie das Sprechen, Schreiben oder Schuhe binden

Grobmotorik
Allgemeine Körper- und Gliederstärke und Bewegungskoordination. Zur *Grobmotorik* gehören großräumige Bewegungsabläufe wie das Gehen, Klettern, Hüpfen

Koordination
Koordination (in Bezug auf Bewegungen) ist die Fähigkeit, Bewegungen, die ein schnelles und/oder zielgerichtetes Handeln erfordern, ökonomisch, präzise und harmonisch durchzuführen.

Motorische Planung
Die Fähigkeit, benötigte Bewegungen in abrufbare Bewegungsmuster zu integrieren, so dass die Bewegungen flüssiger und schneller ablaufen. Die Planung erfolgt dabei unterbewusst auf der Kleinhirnebene.

Auge-Hand-Koordination
Die Fähigkeit, die Handbewegungen mit den über die Augen aufgenommenen Eindrücken abzustimmen. Sie spielt z.B. beim Malen, Einfädeln oder Ball werfen eine Rolle.

Wahrnehmung
Allgemeine Bezeichnung für den komplizierten Vorgang der bewussten und unbewussten Sammlung von Informationen eines Lebewesens über seine Sinne, sowie deren Weiterleitung und Verarbeitung im Gehirn.

Propriozeption
Die Wahrnehmung von Körperbewegung und Körperlage im Raum. *Propriozeption* leitet sich aus dem lateinischen proprius „eigen" und recipere „aufnehmen" ab.

Graphem
Unter *Graphemen* versteht man die Gesamtheit der grundlegenden Zeichen unserer Schrift. Es handelt sich also um Schriftzeichen, die Buchstaben in ihrer geschriebenen Form.

Phonem
Ein *Phonem* ist ein Lautelement, ein Sprechlaut.

Lautanalyse
Unter *Lautanalyse* versteht man die Unterscheidung von Sprachlauten. Dazu gehört beispielsweise das Erkennen von Anlauten oder die Zerlegung eines Wortes in Einzellaute.

Lautsynthese
Unter *Lautsynthese* versteht man das Zusammenfassen einzelner Buchstaben zu einer größeren Einheit, bzw. das Zusammenziehen zu einem Wort.

Phonlogische Bewusstheit
Phonologische Bewusstheit bezeichnet die Fähigkeit, Wissen über die lautliche Struktur der Sprache heranzuziehen, um sprachliche Informationen zu verarbeiten und aufzunehmen. Dabei löst man sich vom Bedeutungsinhalt der Sprache. Es geht u.a. darum, zu erfassen, dass Wörter aus Silben und Silben aus Lauten aufgebaut sind um End- und Anlaute differenzieren zu können.

Orthographische Regeln
Unter *orthographischen Regeln* versteht man die Regeln der Rechtschreibung, wie sie beispielsweise im Duden beschrieben sind.

Lautgetreue Wörter
Lautgetreue Wörter sind Wörter, die man so schreibt, wie man sie spricht, z.B. Blume

Vorläuferfähigkeiten
Vorläuferfähigkeiten sind in Bezug auf das Rechnen die Voraussetzungen für eine verstehende Teilnahme am Mathematikunterricht des 1. Schuljahres, die zu Schulbeginn vorhanden sein sollten

Mind-Maps
Der Begriff *Mind Map* kommt aus dem Englischen und lässt sich mit „Gedanken- oder Gedächtniskarte" übersetzen. Es ist eine Technik, die man z. B. zum Erschließen und Darstellen eines Themengebietes oder für Mitschriften nutzen kann

Auditive Wahrnehmung
Auditive Wahrnehmung beschreibt den Vorgang des Hörens und in welcher Form Schall von Lebewesen wahrgenommen wird. In der Medizin wird mit „auditiv" alles beschrieben, was das menschliche Gehör betrifft

Kognition
Unter *Kognition* versteht man das Denken im umfassenden Sinn. Zu den kognitiven Fähigkeiten zählen unter anderem die Aufmerksamkeit, das Lernen, das Planen und die Erinnerung.

Umschriebene Entwicklungsstörung

Von einer *umschriebenen Entwicklungsstörung* spricht man, wenn bei einem Kind mit ansonsten altersgemäßem Entwicklungsniveau einzelne Funktionen oder Fähigkeiten deutlich unter der Altersnorm liegen. Einige umschriebene Entwicklungsstörungen werden auch als Lernstörungen bezeichnet.

Mundbild

Als *Mundbild* bezeichnet man die sichtbar wahrnehmbare Haltung und Bewegung der Lippen beim Sprechen. In gewissem Ausmaß nutzen alle Menschen, auch Menschen mit unbeeinträchtigtem Gehör, unbewusst das Ablesen vom Mundbild, um das Verständnis des Höreindrucks abzusichern.

Auflösung der Erbsenzähler-Schätzaufgabe von Seite 69: 40 Bohnen, 550 Maiskörner, 100 Erbsen im kleinen Glas, 270 Erbsen im großen Glas.

Sach- und Materialregister

Alphabetisches Register

Register nach Förderbereichen

Kognition

Sozialverhalten

Informationen und Kontaktadressen betreffend Legasthenie und Dyskalkulie

Bundesverband Legasthenie und Dyskalkulie e. V.
c/o EZB Bonn
Postfach 201338
53143 Bonn
www.bvl-legasthenie.de
▪ *Viele Informationen zu rechtlichen Hintergründen, Hilfe bei der Suche nach der richtigen außerschulischen und außerhäuslichen Förderung*

Dachverband Legasthenie Deutschland e.V.
Kurstraße 35
14776 Brandenburg
www.legasthenieverband.org

In Österreich und der Schweiz
www.verband-dyslexie.ch
www.legasthenie.at

Allgemeine Informationen
www.lernfoerderung.de
▪ *Informationen und Tipps bei Lernproblemen*

www.legakids.net
▪ *Spricht neben Eltern, Lehrkräften und Therapeuten auch speziell die Kinder an*

www.arbeitsblaetter.org
▪ *Materialien und Arbeitsblätter diplomierter LegasthenietrainerInnen zum kostenlosen Download*

Mathematisches Institut zur Behandlung der Rechenschwäche / Dyskalkulie
Brienner Str. 48
80333 München

Telefonsprechzeiten:
Mo. bis Do. von 10.00 bis 14.30 Uhr,
 Fr. von 12.00 bis 15.30 Uhr

www.rechenschwaeche.de
▪ *Verfügt über eine Liste mit Therapie-Einrichtungen in ganz Deutschland*

Verein für Lerntherapie und Dyskalkulie e.V.
www.dyskalkulie.de

In Österreich und der Schweiz
www.rechenschwaeche.at
www.dyskalkulie.ch

Allgemeine Informationen
www.lernfoerderung.de
▪ *Informationen und Tipps bei Lernproblemen*

www.legakids.net
▪ *Spricht neben Eltern, Lehrkräften und Therapeuten auch speziell die Kinder an*

www.elternimnetz.de
▪ *Seite des bayrischen Landesjugendamts mit vielen Informationen für Eltern*

Internetseiten, die für Kinder geeignet sind

Hier eine kleine Auswahl von websi-
tes für Kinder. Eine große Auswahl
von sites, die für Kinder geeignet
sind, zu verschiedenen Themen gibt
es unter www.klicksafe.de .
Dort findet man auch Tipps für Eltern
zum Umgang mit dem Internet.

- www.internauten.de
  wie funktioniert das Internet?

- www.klick-tipps.net
  Suchmaschine für Kinderseiten

- www.blindekuh.de
  Suchmaschine für Kinder

- www.fragfinn.de
  Suchmaschine für Kinder

- www.tivi.de
  www.kika.de
  www.toggo.de
  www.die-maus.de
  *einige Seiten von Kinder-Fern-
  sehsendern*

- www.zzebra.de www.kidsville.de
  Spielen und Basteln

- www.tivi.de/logo
  www.sowieso.de
  Nachrichten für Kinder

Literaturhinweise

- Bundesministerium für Familie, Senioren, Frauen und Jugend: Motorik-Modul: Eine Studie zur motorischen Leistungsfähigkeit und körperlich-sportlichen Aktivität von Kindern und Jugendlichen in Deutschland, Nomos Verlag, Baden-Baden 2009

- Das Experimente Buch. 50 verblüffende Versuche, Sammelband 2 der Reihe „Schau, so geht das!", Velber Verlag, 2008 Freiburg i. Br.

- Dürre, Rainer: Rechenschwäche – das Trainingsprogramm für Ihr Kind, Herder spektrum, Freiburg 2001

- Leiß, Ramona: Versuch's doch mal! Das spannende Experimentierbuch, Lentz Verlag, München, 1997

- Matzarakis, Dimitris: So lernt mein Kind logisch-mathematisch denken, Herder spektrum, Freiburg 2007

- Saan, Anita von: 365 Experimente für jeden Tag, moses. Verlag, Kempen 2002

- „So lernen Kinder leichter" Sonderheft aus der Serie Kindesentwicklung Nr.6 der Zeitschrift Gehirn und Geist, Spektrum der Wissenschaft Verlagsgesellschaft mbH, Heidelberg, ohne Datum

- Stehn, Hauke: Wenn das „O" Ecken hat, Finger & Bewegung Verlag, Osdorf bei Kiel 2008

- Völkening, Martin: Meine stärksten Actionspiele, rex Verlag, Luzern 2006

- Walker, Jamie: Gewaltfreier Umgang mit Konflikten in der Grundschule, Cornelsen, Berlin 2004

- Wunderlich, Gabriele / Bares, Hannelore: Wo Kinder rechnen lernen, Band 1: Zu Hause, Der kleine Verlag, Embsen-Oerzen 2000